엄마표 초등영어 파닉스

알파벳과 음가·파닉스의 다양한 패턴·문장 읽기까지~
현직 초등교사 영쌤과 함께 집에서 쉽고 재미있게 공부하세요!

**알파벳 26개
영단어 156개
학습**

영쌤의 초등 파닉스 1권 : 알파벳과 소릿값

26개의 알파벳과 하루 6개 총 156개의 영단어를 직접 읽고 듣고 써보며 발음과 뜻을 익혀 초등 파닉스의 기본실력을 탄탄하게 다질 수 있어요.

❶ 한권으로 알파벳부터 파닉스 기초까지 잡는 똑똑한 공부
❷ '알파벳 → 소릿값 → 단어 읽기 → 단어 쓰기'의 꼼꼼한 구성
❸ 초등 영어쌤이 출제한 수행평가/진단평가 문제로 성적도 쑥쑥 상승

**영단어 204개
영어문장 102개
학습**

영쌤의 초등 파닉스 2권 : 패턴 익히기와 문장 읽기

단모음부터 R 통제모음까지 하루 6개 총 204개의 영단어를 읽고 듣고 써보며 파닉스의 다양한 패턴을 배우고, 초등영어의 기본문장 34개 패턴과 응용된 102개의 문장을 읽고 익히며 그 의미까지 이해할 수 있어요.

❶ 한권으로 단모음부터 R 통제모음까지 파닉스의 다양한 패턴을 공부
❷ '알파벳과 단어 읽기 → 소리 구별 → 문장 이해'로 이어지는 촘촘한 구성
❸ 초등 영어쌤이 출제한 수행평가/진단평가 문제로 성적도 쑥쑥 상승

유튜브 '초등영쌤' 채널에서 무료강의 제공
하루 딱 15분, 무료강의 보며 엄마표 파닉스로 공부하세요!

**1권 32개
무료강의**

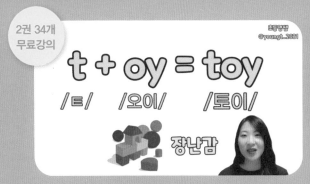

**2권 34개
무료강의**

초등영문법에서 꼭 알아야 하는 "필수개념" 54

영역	분류	필수개념	공부할 내용
Part 1 명사	Day 01 명사 (1)	001 셀 수 있는 명사와 단수·복수 ❶	셀 수 있는 명사의 단수와 복수를 표현하는 여러 방법을 이해한다.
		002 셀 수 있는 명사와 단수·복수 ❷	
	Day 02 명사 (2)	003 셀 수 있는 명사와 단수·복수 ❸	
		004 셀 수 있는 명사와 단수·복수 ❹	
	Day 03 명사 (3)	005 셀 수 없는 명사의 종류	셀 수 없는 명사들에 대해 알아보고 복수를 표현하는 방법을 이해한다.
		006 셀 수 없는 명사를 세는 방법	
Part 2 대명사	Day 04 대명사 (1)	007 지시대명사 this와 these	가까이에 있거나 혹은 멀리 있는 사람이나 사물을 지시하는 방법을 이해한다.
		008 지시대명사 that와 those	
	Day 05 대명사 (2)	009 주격대명사 (단수)	I, you, he, she, it, we, they의 뜻과 쓰임을 이해한다.
		010 주격대명사 (복수)	
	Day 06 대명사 (3)	011 소유격대명사 (단수)	my, your, his, her, its, our, their의 뜻과 쓰임을 이해한다.
		012 소유격대명사 (복수)	
	Day 07 대명사 (4)	013 목적격대명사 (단수)	me, you, him, her, it, us, them의 뜻과 쓰임을 이해한다.
		014 목적격대명사 (복수)	
Part 3 동사 1	Day 08 be동사 (1)	015 be동사의 모양과 쓰임	be동사의 현재형 am, are, is의 뜻과 쓰임을 이해한다.
		016 be동사의 뜻	
	Day 09 be동사 (2)	017 be동사 과거의 모양과 쓰임	be동사의 과거형 was와 were의 뜻과 쓰임을 이해한다.
		018 be동사 과거의 의미	
	Day 10 be동사 (3)	019 be동사의 현재형 부정	be동사를 부정하는 방법과 의문문을 만드는 방법을 이해한다.
		020 be동사의 과거형 부정	
	Day 11 be동사 (4)	021 be동사의 현재 의문문	
		022 be동사의 과거 의문문	
Part 4 동사 2	Day 12 일반동사 (1)	023 일반동사의 현재형 ❶	일반동사 현재형과 주어가 3인칭 단수일 때 동사의 변화를 이해한다.
		024 일반동사의 현재형 ❷	
	Day 13 일반동사 (2)	025 현재동사의 과거형 ❶	일반동사 과거형의 규칙 및 불규칙 변화에 대해 이해한다.
		026 현재동사의 과거형 ❷	
	Day 14 일반동사 (3)	027 일반동사의 현재 부정	일반동사를 부정하는 방법과 의문문을 만드는 방법을 이해한다.
		028 일반동사의 과거 부정	
	Day 15 일반동사 (4)	029 일반동사의 현재 의문문	
		030 일반동사의 과거 의문문	
	Day 16 일반동사 (5)	031 현재진행형	'일반동사+ing' 형태인 진행형의 표현 방법과 쓰임을 이해한다.
		032 과거진행형	
Part 5 동사 3	Day 17 조동사 (1)	033 조동사 can	가능, 의지, 허락, 충고나 조언, 강한 의무 등을 표현하는 다양한 조동사의 쓰임과 부정, 의문문을 이해한다.
		034 조동사 will	
	Day 18 조동사 (2)	035 조동사 may	
		036 조동사 should	
	Day 19 조동사 (3)	037 조동사 must	
		038 may와 must의 다른 의미	추측을 나타내는 조동사를 이해한다.
Part 6 형용사 부사	Day 20 형용사 (1)	039 한정적 용법 ❶	형용사가 명사를 꾸며주는 한정적 용법의 다양한 표현을 이해한다.
		040 한정적 용법 ❷	
	Day 21 형용사 (2)	041 서술적 용법 ❶	형용사가 be동사 뒤에 쓰이는 서술적 용법의 다양한 표현을 이해한다.
		042 서술적 용법 ❷	
	Day 22 부사 (1)	043 부사의 역할 ❶	동사, 형용사, 다른 부사, 문장 전체를 꾸며주는 부사의 쓰임을 이해한다.
		044 부사의 역할 ❷	
	Day 23 부사 (2)	045 철자가 형용사와 똑같은 부사	형용사와 철자가 똑같은 부사와 빈도를 나타내는 부사의 뜻을 이해한다.
		046 빈도부사	
Part 7 전치사 접속사 감탄사	Day 24 전치사 (1)	047 시간을 나타내는 전치사 ❶	시간을 표현하는 전치사 at, in, on의 쓰임을 이해한다.
		048 시간을 나타내는 전치사 ❷	
	Day 25 전치사 (2)	049 장소를 나타내는 전치사 ❶	장소를 표현하는 전치사 at, in의 쓰임을 이해한다.
		050 장소를 나타내는 전치사 ❷	
	Day 26 전치사 (3)	051 위치를 나타내는 전치사 ❶	in, in front of, behind 등 위치를 나타내는 다양한 전치사의 쓰임을 이해한다.
		052 위치를 나타내는 전치사 ❷	
	Day 27 접속사/감탄사	053 접속사	접속사 and, or, but의 쓰임을 이해한다.
		054 감탄사	what과 how 감탄문 표현하는 방법을 이해한다.

혼공
초등영문법
8품사편

혼공
초등영문법
8품사편

1판 13쇄 2024년 1월 29일

지은이 허준석·유하영·김수정
펴낸이 유인생
편집인 안승준
마케팅 박성하·심혜영
디자인 NAMIJIN DESIGN
삽화 이수열
편집·조판 Choice
펴낸곳 (주) 쏠티북스
주소 (04037) 서울시 마포구 양화로 7길 20 (서교동, 남경빌딩 2층)
대표전화 070-8615-7800
팩스 02-322-7732
홈페이지 www.saltybooks.com
이메일 saltybooks@naver.com
출판등록 제313-2009-140호

ISBN 979-11-88005-71-0

혼공

초등영문법
8품사편

| 허준석 · 유하영 · 김수정 지음 |

쏠티북스

이 책의 머리말

라떼는 말이야… 아주 옛날에는 중학교부터 영어 과목을 시작했는데, 언제부턴가 영어가 초등학교로 내려왔어요. 더 쉽고, 재미 있게 영어를 공부할 수 있을 거라고 생각했기 때문이었죠. 사실 학생들 입장에서 보면 초등학교 3, 4학년 때까지 영어는 그럭저 럭 할 만할 거예요. 하지만, 5, 6학년이 되면 살짝 어려워지다가, 중학교 1학년부터는 더 어려워져요.

그래서 영단어를 무작정 많이 외우고, 문제를 무작정 많이 풀고, 영문법을 무작정 열심히 공부해요. 하지만 이것이 우리를 영어로 부터 멀어지게 하는 3대장이지요. 특히 영문법은 명사, 형용사, 부정사, 동명사… 등등 수없이 많은 외계어(?)가 등장해서 이걸 어 떻게 다 외우나 싶을 거예요.

흠…, 그렇다면 어려운 영문법 용어를 줄줄 외운다고 영어를 잘하는 것일까요? 혼공쌤이 감히 말할게요. 노노노노노!!! 왜냐하면 영문법은 이런 용어를 단순히 모아놓은 게 아니라 영어권 사람들이 오랜 세월 영어를 사용해왔던 것을 바탕으로 규칙을 정리한 것이죠. 그리고 규칙으로 도저히 정리하지 못한 것은 '예외'로 모아 놓은 거구요.

따라서 그들의 생활, 문화를 잘 이해해야 영어와 쉽게 친해질 수 있어요. 다시 한 번 강조하지만 영문법은 원래 이런 거니까 '외워 야 해!'라고 접근하지 말자구요. 그러면 영어 공부가 정말 힘들어져요.

이 책을 쓰기 전에 시중에 나와 있는 초등영문법 책과 강의를 거의 다 훑어봤어요. 그런데, 이름만 초등영문법이고 대부분 중학 영문법 내용을 다루고 있어 정말 놀랐어요. 이런 어려운 내용으로 우리 친구들이 공부하느라 얼마나 힘들까 하는 생각이 들었 지요.

그래서 이 책에서는 초등생들이 신나게 공부할 수 있도록 '8품사'를 집중적으로 다뤘어요. 여러분들이 이 책을 통해 영어와 친해 지고, '영어, 뭐 대단한 게 아니구나!'라고 생각했으면 좋겠어요. 이 책을 공부하면 그 동안 400여만 명의 수강생들이 왜 혼공 쌤 의 강의를 듣고 무릎을 탁하고 쳤는지 알게 될 거예요.

그리고 여러분의 학습에 도움이 되도록 유튜브 혼공TV 강의도 준비했으니, 무료 강의도 듣고 혼공 인증을 남겨주세요! 그럼 이 제 영어로 날아봅시다. Fly with Passion!

Thanks to…
이 책이 나오기까지 전적으로 도와준 아내 김효정 님, 토끼 같은 두 아들 현서, 지후에게 큰 감사를 표합니다. 아울러 거친 원고 를 잘 다듬어 주신 쏠티북스 식구들, 최종 원고를 학습자 입장에서 꼼꼼히 점검해준 혼공스쿨 크루 선생님들, 마지막으로 세상에 서 가장 사랑하는 부모님, 장인, 장모님께 이 자리를 빌어 머리 숙여 감사를 표합니다.

혼공 **허준석**

★ 초등영문법의 기본 8품사를 한 권으로 정리 ★

8품사의 중요 용법들을
총 54개의 혼공개념으로
이해하기 쉽게 정리했어요.

초등영어의 핵심 문법이라고
할 수 있는 8품사를
한 권으로 끝낼 수 있어요.

객관식, 서술형(영단어 쓰기,
문장완성) 등 다양한
문제연습을 할 수 있어요.

개념학습 → 기본·실전문제 →
종합문제로 구성되어
체계적인 공부를 할 수 있어요.

★ 체계적인 학습으로 초등영문법 8품사 완전정복 ★

책속 〈Day별〉
영단어장을 이용하여
미리 영단어를 익히면 이 책을
공부하기가 훨씬 쉬워요!

〈Day별〉로 2개씩 구성된
문법개념을 꼼꼼하게
학습하고 확인문제를 통해
이해력을 키울 수 있어요!

기본문제, 실전문제,
그리고 종합문제에 수록된
다양한 문제를 통해
문법 실력을 빠르게
향상시킬 수 있어요!

명사 (1)

혼공개념 001 셀 수 있는 명사와 단수·복수 ❶

❶ '명사'는 사람이나 사물의 이름을 나타내는 단어이지요. '공'은 사물의 이름을 나타내므로 명사예요. 그리고 공은 하나, 둘, 셋, 넷 … 이렇게 셀 수 있으므로 '셀 수 있는 명사'라고 해요.

혼공개념

Day별로 각각 2개의 혼공개념이 다양한 삽화, 표, 예문 등을 통해 쉽고 재미있게 설명되어 있어요. 중요한 내용은 색글씨로 표시하였으므로 이것에 유의해서 공부하면 문법개념을 확실하게 이해할 수 있어요.

기본문제 배운 개념 적용하기   정답과 해설 22쪽

Ⓐ 다음 그림에 알맞은 주격대명사를 괄호 안에 영어로 쓰고, 어울리는 be동사를 고르시오.

(1)
　① am
　② is
　③ are
　(　)

(2) 나
　① am
　② is
　③ are
　(　)

(3)
　① am
　② is
　③ are

(4)
　① am

기본문제

혼공개념에서 배운 문법 내용이 적용된 영단어 쓰기와 답을 고르는 선택형 문제를 다루고 있어요. 직접 답을 쓰고 고르는 연습을 통해 공부한 문법개념에 대한 기본 실력을 탄탄하게 다질 수 있어요.

실전문제 배운 개념 응용하기   정답과 해설 24쪽

Ⓐ 다음 빈칸에 들어갈 알맞은 것을 고르시오.

(1) be동사의 과거형에는 _____ 가지가 있어요.　① 2　② 3
(2) you와 어울리는 be동사의 과거형은 _____ 이지요.　① was　② were
(3) be동사의 과거형 뒤에 명사가 오면 '_____'라고 해석해요.　① ~이었다　② ~했다
(4) be동사의 과거형 뒤에 형용사가 오면 '_____'라고 해석해요.　① ~했다　② ~에 있다

실전문제

혼공개념과 기본문제를 통해 익힌 내용을 다시 한번 정리하고 Day별 학습을 마무리할 수 있는 문제가 수록되어 있어요. 단어를 배열하여 문장을 완성하는 문제도 있으니 주의해서 풀면 실력이 향상될 수 있어요.

 혼공 종합문제 일반동사

1 다음 밑줄 친 동사의 현재형이 틀린 것을 고르시오.
　① I jump.　② You eat.
　③ He goes.　④ Kevin wash.
　⑤ They dance.

혼공 종합문제

품사별 학습을 최종 마무리하는 5지선다형, 단답형 쓰기, 문장 완성 등 다양한 문제가 수록되어 있어 각종 초등 진단평가 및 시험에 대비할 수 있어요. 틀린 문제는 체크해서 복습하면 문법 실력이 완성될 수 있어요.

《Day별》 영단어 정리 및 3회 써보기

이 책에 등장하는 영단어를 《Day별》 순서대로 정리했어요. 철자, 발음 그리고 뜻을 생각하며 영단어를 직접 세 번씩 쓰면서 익혀보세요. 영단어와 미리 친해지면 이 책을 예습하고 복습하기가 훨씬 쉬워져요.

Day	단어	발음	뜻	1회 쓰기	2회 쓰기	3회 쓰기
	ball	볼	몡 공			
	banana	버내너	몡 바나나			
	cat	캣	몡 고양이			
	boy	보이	몡 소년			
	apple	애펄	몡 사과			

책속 《Day별》 영단어장 / 정답과 해설

본문에 등장하는 단어를 순서대로 정리해서 별책으로 제공하여 철자와 뜻을 익히고 세 번 써 볼 수 있도록 구성했어요. 아울러 정답과 해설을 통해서는 문제 해결 방법을 이해하고 터득할 수 있어요.

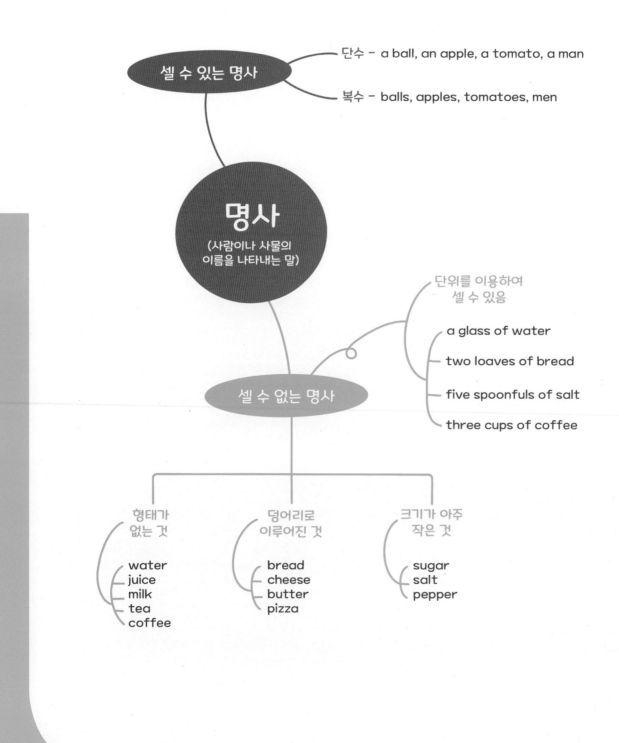

셀 수 있는 명사

단수 – a ball, an apple, a tomato, a man

복수 – balls, apples, tomatoes, men

명사
(사람이나 사물의
이름을 나타내는 말)

단위를 이용하여
셀 수 있음

a glass of water

two loaves of bread

five spoonfuls of salt

three cups of coffee

셀 수 없는 명사

형태가
없는 것

water
juice
milk
tea
coffee

덩어리로
이루어진 것

bread
cheese
butter
pizza

크기가 아주
작은 것

sugar
salt
pepper

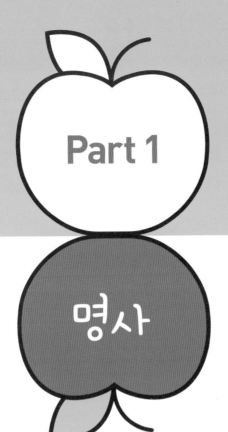

Part 1

명사

혼공개념 001 셀 수 있는 명사와 단수·복수 ❶

1 '명사'는 사람이나 사물의 이름을 나타내는 단어이지요. '공'은 사물의 이름을 나타내므로 명사예요. 그리고 공은 하나, 둘, 셋, 넷 … 이렇게 셀 수 있으므로 '셀 수 있는 명사'라고 해요.

공 하나

공 넷

2 단 '하나'라는 수를 나타낼 때는 '단수'라고 해요. 그렇다면 영어로 '하나'는 어떻게 쓸까요? 셀 수 있는 명사 앞에 a[어]를 써서 '하나'를 나타내요.

a   +   = a ball (하나의) 공
ball

3 하나가 아닌 '둘' 이상을 '복수'라고 해요. 영어에서는 셀 수 있는 명사 끝에 s를 붙여서 수가 여러 개 인 '복수'를 표시해요.

    +   s   =   balls 공들

바로! 확인문제 01 다음 괄호 안에 들어갈 알맞은 영단어를 쓰시오. (단수, 복수를 표시할 것)   정답과 해설 14쪽

(1)

(   )

(2)

(   )

(3)

(   )

(4)

(   )

(5)

(   )

(6)

(   )

셀 수 있는 명사와 단수·복수 ❷

1 '사과'도 공처럼 하나, 둘, 셋, 넷 … 이렇게 셀 수 있는 명사이지요. 그런데 사과 하나를 나타낼 때는 앞에 an[언]을 써야 해요.

an   +   apple   = an apple (하나의) 사과

2 '사과'라는 영단어 apple[애펄]처럼 발음이 모음인 'a[아], e[에], i[이], o[오], u[우]'로 시작하는 셀 수 있는 명사는 단수를 나타낼 때 an을 써야 하기 때문이죠.

an apple   a cat

단수 표현의 a, an apple은 발음이 모음인 '애'로 시작하기에 단수형 앞에는 an을 쓰고, cat는 발음이 '캣'이므로 단수형 앞에는 a를 쓰지요. 앞서 배운 ball(공)의 발음은 '볼'이므로 단수형 앞에는 a를 쓰지요.

3 사과는 셀 수 있는 명사이므로 복수를 나타낼 때는 혼공개념 001 의 **3** 에서 배운 것처럼 끝에 s를 붙여야 해요.

+ s = apples 사과들

바로! 확인문제 02   **다음 괄호 안에 들어갈 알맞은 영단어를 쓰시오. (단수, 복수를 표시할 것)**   정답과 해설 14쪽

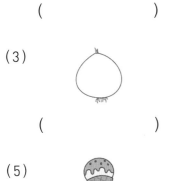

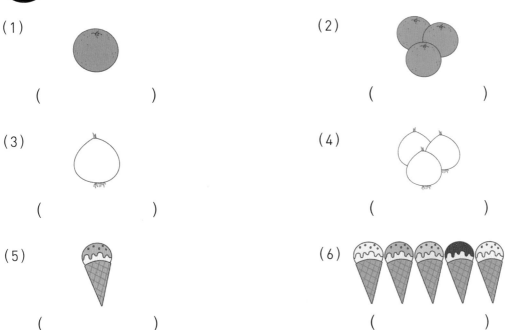

(1)

(   )

(2)

(   )

(3)

(   )

(4)

(   )

(5)

(   )

(6)

(   )

다음 그림을 보고 둘 중에 알맞은 것을 고르시오.

(1)

① a banana

② bananas

(2)

① a cat

② cats

(3)

① a boy

② boys

(4)

① a car

② cars

(5)

① an orange

② oranges

(6)

① an onion

② onions

(7)

① an ice cream

② ice creams

(8)

① an egg

② eggs

(9)

① a monkey

② monkeys

(10)

① a book

② books

(11)

① a bag

② an bag

(12)

① a cup

② cups

A 다음 빈칸에 들어갈 알맞은 것을 고르시오.

(1) 사람이나 사물의 이름을 나타내는 단어를 _____라고 해요.　　① 명사　　② 동사

(2) 하나의 명사를 _____라고 해요.　　① 단수　　② 복수

(3) 둘 이상의 명사를 _____라고 해요.　　① 단수　　② 복수

(4) '아, 애, 이, 오, 우'로 발음이 시작되는 명사 앞에는 _____을(를) 써요.　　① a　　② an

B 다음 우리말과 그림에 해당하는 알맞은 것을 고르시오.

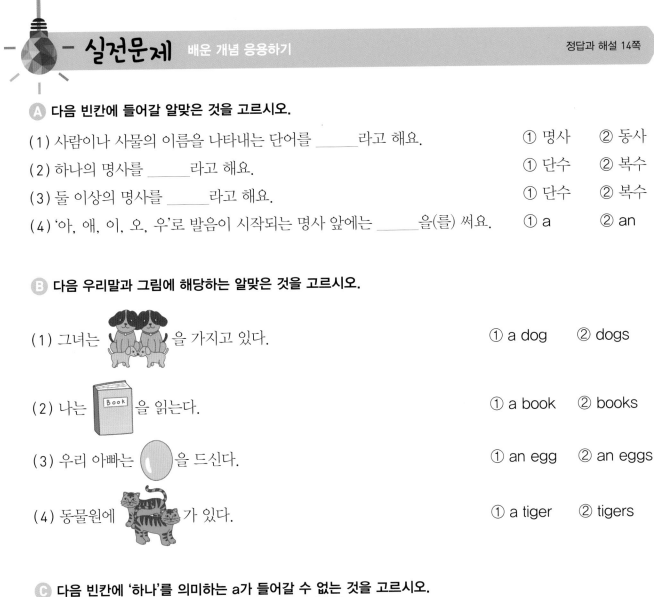

(1) 그녀는 [그림] 을 가지고 있다.　　① a dog　　② dogs

(2) 나는 [Book] 을 읽는다.　　① a book　　② books

(3) 우리 아빠는 [그림] 을 드신다.　　① an egg　　② an eggs

(4) 동물원에 [그림] 가 있다.　　① a tiger　　② tigers

C 다음 빈칸에 '하나'를 의미하는 a가 들어갈 수 <u>없는</u> 것을 고르시오.

①　_____ boy　　　②　_____ cup　　　③　_____ onion

④　_____ monkey　　⑤　_____ bag

D 다음 글을 읽고, 밑줄 친 부분에 알맞은 영단어를 〈보기〉에서 찾아 단수, 또는 복수의 형태로 쓰시오.

나는 오늘 길을 가다가 (1) <u>강아지 한 마리</u>를 보았다.
강아지가 너무 배고파 보여서 내가 가지고 있던 (2) <u>사과들</u>을 주었다.
하지만 강아지는 사과들을 먹지 않았다.
그때 갑자기 (3) <u>고양이들</u>이 나타났다.
그 중 (4) <u>고양이 한 마리</u>가 사과 쪽을 향했다.
그리고 (5) <u>사과 하나</u>를 물고 달아났다.

┌〈 보기 〉
dog　　　apple　　　cat
└

(1) _____　　(2) _____　　(3) _____　　(4) _____　　(5) _____

혼공개념 003 셀 수 있는 명사와 단수·복수 ❸

1️⃣ 셀 수 있는 명사의 하나는 '단수', 둘 이상은 '복수'라고 한다는 것을 기억하고 있지요.

단수

복수

a ball   balls

2️⃣ 셀 수 있는 명사의 '복수'는 어떻게 표현한다고 했지요? 네 맞아요. 명사 끝에 s를 붙이지요.

oranges (오렌지들)   monkeys (원숭이들)   eggs (달걀들)   apples (사과들)

3️⃣ 셀 수 있는 명사의 철자가 '자음 + o'로 끝나는 경우에는 복수를 만들 때, 끝에 s가 아니라 es를 붙여야 해요.

a potato (감자)   potatoes (감자들)   a tomato (토마토)   tomatoes (토마토들)

자음과 모음 영어 알파벳은 a부터 z까지 총 26개로 구성되어 있지요. 이 중에서 a, e, i, o, u는 모음이고 나머지는 자음이에요. 영단어는 이 자음과 모음이 합쳐져서 만들어져요.

바로! 확인문제 01 다음 괄호 안에 들어갈 알맞은 영단어를 쓰시오. (단수, 복수를 표시할 것)   정답과 해설 15쪽

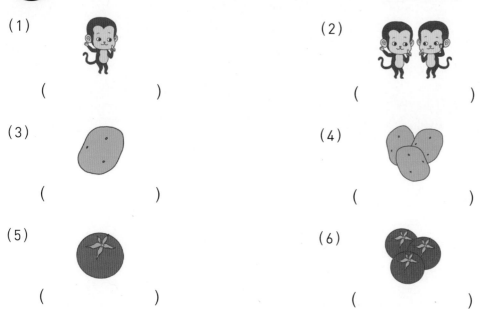

(1)

(   )

(2)

(   )

(3)

(   )

(4)

(   )

(5)

(   )

(6)

(   )

1 셀 수 있는 명사의 단수를 복수로 만들 때, 뒤에 s나 es를 붙이지 않는 명사들이 있어요.

a man → mans (×)   a tooth → tooths (×)   a child → childs (×)   a mouse → mouses (×)

2 셀 수 있는 명사의 단수를 복수로 만들 때, 철자 중에 a나 o를 e로 바꾸어야 하는 명사들이 있어요.

| a man (남자) | men (남자들) | a woman (여자) | women (여자들) | a tooth (이빨) | teeth (이빨들) | a foot (발) | feet (발들) |

3 셀 수 있는 명사의 단수를 복수로 만들 때, 철자 중에 마지막 부분을 변화시켜야 하는 명사들이 있어요.

a child (아이)   children (아이들)   an ox (소)   oxen (소들)   a mouse (쥐)   mice (쥐들)

 단수와 복수의 형태가 같은 명사 sheep(양), fish(물고기), deer(사슴)처럼 단수와 복수의 형태가 같은 명사들도 있어요. 이런 명사들은 문장에 쓰인 동사를 통해 단수로 쓰였는지 복수로 쓰였는지 알 수 있어요.

바로! 확인문제 02 **다음 괄호 안에 들어갈 알맞은 영단어를 쓰시오. (단수, 복수를 표시할 것)** 정답과 해설 15쪽

(1)

(   )

(2)

(   )

(3)

(   )

(4)

(   )

(5)

(   )

(6)

(   )

다음 그림을 보고 둘 중에 알맞은 것을 고르시오.

(1)

① balls

② a ball

(2)

① monkeys

② monkeyes

(3)

① egges

② eggs

(4)

① tomatoes

② tomatos

(5)

① mans

② men

(6)

① toothes

② teeth

(7)

① children

② childs

(8)

① mouse

② mice

(9)

① oranges

② orange

(10)

① potatoes

② potatos

(11)

① foots

② feet

(12)

① oxes

② oxen

Ⓐ 다음 빈칸에 들어갈 알맞은 것을 고르시오.

(1) 둘 이상의 셀 수 있는 명사를 말할 때 _____라고 해요.　　　① 단수　　② 복수

(2) orange, monkey를 복수로 만들 때는 끝에 _____를 붙여요.　　① s　　② es

(3) man과 tooth는 철자의 _____ 부분을 바꿔서 복수로 만들어요.　① 가운데　② 마지막

(4) child와 ox는 철자의 _____ 부분을 변화시켜 복수로 만들어요.　① 가운데　② 마지막

Ⓑ 다음 우리말과 그림에 해당하는 알맞은 것을 고르시오.

(1) 은 길을 걷고 있다.　　　　　① womans　② women

(2) 엄마가 ⬤를 씻고 계신다.　　　　　① tomatoes　② tomatos

(3) 들이 놀이터에서 놀고 있다.　　　① children　② childs

(4) 가 물을 마신다.　　　　　① gooses　② geese

Ⓒ 다음 복수 명사가 틀린 것을 고르시오.

① men　　　② feet　　　③ egges　　　④ oranges　　　⑤ potatoes

Ⓓ 다음 글을 읽고, 밑줄 친 부분에 알맞은 영단어를 〈보기〉에서 찾아 복수의 형태로 쓰시오.

나는 오늘 (1) 아이들을 데리고 동물원에 갔다.
아이들은 얼룩말도 보고, 사자도 보면서 신기해했다.
가장 신기한 동물은 (2) 원숭이들이었다.
원숭이들은 아이들이 들고 있던 (3) 사과들을 가져갔다.
그런데 한 원숭이가 사과를 떨어뜨려 (4) 쥐들이 주워갔다.
그 모습이 재미있어서 아이들은 (5) 이빨들이 환히 보이도록 웃었다.

〈 보기 〉
child　　apple　　mouse　　monkey　　tooth

(1) _____　(2) _____　(3) _____　(4) _____　(5) _____

혼공개념 005 셀 수 없는 명사의 종류

1 일정한 형태가 없는 명사는 하나, 둘, 셋, 넷 … 이렇게 셀 수 없지요. 셀 수 없으므로 하나를 나타내는 a나 an을 앞에 쓸 수 없고, 뒤에 s나 es를 붙여 복수를 만들 수도 없어요. 이런 명사로는 water(물), juice(주스), milk(우유), tea(차) 등이 있어요.

 water (○) a water (×) waters (×)

 juice (○) a juice (×) juices (×)

 milk (○) a milk (×) milks (×)

 tea (○) a tea (×) teas (×)

2 덩어리로 이루어진 명사도 셀 수 없어요. a나 an을 앞에 쓸 수 없고 뒤에 s나 es를 붙여 복수를 만들 수도 없어요. 이런 명사로는 bread(빵), cheese(치즈) 등이 있어요.

 bread (○) a bread (×) breads (×)

 cheese (○) a cheese (×) cheeses (×)

3 크기가 아주 작은 것을 나타내는 명사 역시 셀 수 없어요. 당연히 a나 an을 앞에 쓸 수 없고 뒤에 s나 es를 붙여 복수를 만들 수도 없어요. 이런 명사로는 sugar(설탕), salt(소금) 등이 있어요.

 달다, 달아! sugar (○) a sugar (×) sugars (×)

 짜다, 짜! salt (○) a salt (×) salts (×)

바로! 확인문제 이 다음 괄호 안에 들어갈 알맞은 영단어를 쓰시오.

정답과 해설 16쪽

(1)

(   )

(2)

(   )

(3)

(   )

(4)

(   )

(5)

(   )

(6)

(   )

셀 수 없는 명사를 세는 방법

1 '물'처럼 액체로 이루어진 명사는 셀 수 없지만, glass(잔)나 cup(컵) 단위로는 셀 수 있지요. 이 경우 glass나 cup 앞에 a나 숫자를 써서 셀 수 있고 둘 이상이면 뒤에 s나 es를 붙여 나타내요.

 a glass of water
(물 한 잔)

 two glasses of water
(물 두 잔)

a glass of milk
(우유 한 잔)

four glasses of milk
(우유 네 잔)

a cup of tea
(차 한 잔)

five cups of tea
(차 다섯 잔)

2 '빵'은 덩어리로 이루어진 명사여서 셀 수 없지만, loaf(덩어리) 단위로는 셀 수 있지요. 이 경우 loaf 앞에 a나 숫자를 써서 셀 수 있고 둘 이상이면 뒤에 s를 붙여 나타내요.

a loaf of bread
(빵 한 덩어리)

two loaves of bread
(빵 두 덩어리)

a slice of cheese
(치즈 한 장)

three slices of cheese
(치즈 세 장)

 복수를 표현하는 또 다른 방법 셀 수 있는 명사의 복수는 뒤에 s나 es를 붙인다고 배웠죠. 그런데 loaf처럼 철자가 f로 끝나는 경우에는 f를 v로 바꾸고 es를 붙여요. 그래서 '빵 두 덩어리'는 two loaves of bread로 써요.

3 '설탕'이나 '소금'처럼 크기가 아주 작은 것을 나타내는 명사는 셀 수 없지만, spoonful(숟가락) 단위로는 셀 수 있어요. 이 경우에도 spoonful 앞에 a나 숫자를 써서 셀 수 있고 둘 이상이면 뒤에 s를 붙여서 나타내요.

a spoonful of sugar
(설탕 한 숟가락)

two spoonfuls of sugar
(설탕 두 숟가락)

a spoonful of salt
(소금 한 숟가락)

five spoonfuls of salt
(소금 다섯 숟가락)

바로! 확인문제 02 다음 괄호 안에 들어갈 알맞은 영단어를 쓰시오.
정답과 해설 16쪽

(1)
(   ) (   ) of water

(2)
(   ) (   ) of milk

(3)
(   ) (   ) of juice

(4)
(   ) (   ) of bread

(5)
(   ) (   ) of cheese

(6)
(   ) (   ) of salt

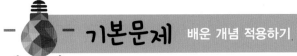
다음 그림을 보고 둘 중에 알맞은 것을 고르시오.

(1)

① water

② waters

(2)

① cheese

② cheeses

(3)

① sugars

② sugar

(4)

① tea

② teas

(5)

① butter

② butters

(6)

① chocolates

② chocolate

(7)

① a piece of cake

② a piece of cakes

(8)

① two loaf of bread

② two loaves of bread

(9)

① a glass of milk

② a glasses of milk

(10)

① five slices of pizza

② five slice of pizza

(11)

① three cup of coffee

② three cups of coffee

(12)

① a spoonfuls of pepper

② a spoonful of pepper

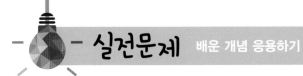
A 다음 빈칸에 들어갈 알맞은 것을 고르시오.

(1) 셀 수 없는 명사들은 _____ 형태로만 써요.　　　　　　　① 단수　　② 복수

(2) 셀 수 없는 명사들은 _____를 사용하여 셀 수 있어요.　　① 개수　　② 단위

(3) '물 한 잔'은 _____ of water로 표현하여 셀 수 있어요.　① a glass　② a slice

(4) 셀 수 없는 명사의 단위가 둘 이상이면 단위 뒤에 _____를 붙여요.　① s나 es　② a나 an

B 다음 우리말과 그림에 해당하는 알맞은 것을 고르시오.

(1) 접시에 이 올려져 있다.　　　　　① bread　　② breads

(2) 나는 를 바닥에 쏟고 말았다.　　① juices　　② juice

(3) 요리사는 수프에 ⟨그림⟩을 넣었다.　① three spoonful of salt
　　　　　　　　　　　　　　　　　② three spoonfuls of salt

C 다음 밑줄 친 부분이 틀린 것을 고르시오.

① a spoonful of sugar　　　　　② two glasses of milk

③ three loaves of bread　　　　④ four slices of cake

⑤ five cup of tea

D 다음 글을 읽고, ⟨보기⟩를 참고하여 빈칸을 채우되, 필요할 경우 복수 형태로 쓰시오.

오늘은 우리 가족을 위해 내가 샌드위치를 직접 만들어보았다.

샌드위치를 만들기 위해 (1) _____ _____ of bread(빵 네 덩어리)를 준비했다.

빵을 잘라 직접 만든 소스를 바르고, 달콤한 맛을 내기 위해 (2) _____ _____ of sugar(설탕 세 숟가락)씩 뿌렸다.

그리고 햄과 신선한 야채, (3) _____ _____ of cheese(치즈 두 장)을 넣어 완성했다.

완성된 샌드위치를 (4) _____ _____ of milk(우유 한 잔)과 함께 먹었더니 정말 맛있었다.

엄마, 아빠를 위해 (5) _____ _____ of tea(차 두 컵)도 함께 준비했다.

부모님께서 정말 근사한 식사였다며 칭찬해주셨다.

⟨ 보기 ⟩

cup　　loaf　　spoonful　　glass　　slice

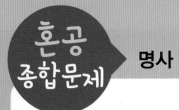
1 다음 빈칸에 들어갈 '하나'를 나타내는 영단어가 다른 것을 고르시오.

① _____ star   ② _____ dog

③ _____ cat   ④ _____ orange

⑤ _____ book

2 다음 중 명사의 복수형이 틀린 것을 고르시오.

① monkeys   ② eggs   ③ apples

④ balls   ⑤ potatos

3 다음 중 명사의 복수형이 아닌 것을 고르시오.

① women   ② teeth   ③ oxen

④ mouse   ⑤ children

4 다음 중 셀 수 있는 명사를 고르시오.

① water   ② box   ③ sugar

④ milk   ⑤ juice

5 다음 중 셀 수 없는 명사를 고르시오.

① apple   ② orange   ③ onion

④ salt   ⑤ tiger

6 다음 중 올바른 표현을 고르시오.

① three cup of coffee   ② two loaves of bread

③ five slices of pizzas   ④ a spoonfuls of pepper

⑤ four glasses of milks

7 다음 중 단수와 복수의 철자가 똑같은 것을 두 개 고르시오.

① fish   ② man   ③ mice

④ sheep   ⑤ tomato

8 다음 〈보기〉에서 복수형이 틀린 명사를 찾아 바르게 고치시오.

〈 보기 〉

oranges   monkeys   tomatos   dogs

틀린 표현   바른 표현

_____ → _____

9 다음 〈보기〉의 관계처럼 빈칸에 알맞은 영단어를 쓰시오.

〈 보기 〉

man − men

foot − _____

| 10-12 | 다음 그림을 보고 빈칸에 알맞은 영단어를 쓰시오.

10

_____ _____ of oil

11

(1) an _____   (2) two _____

12

three _____

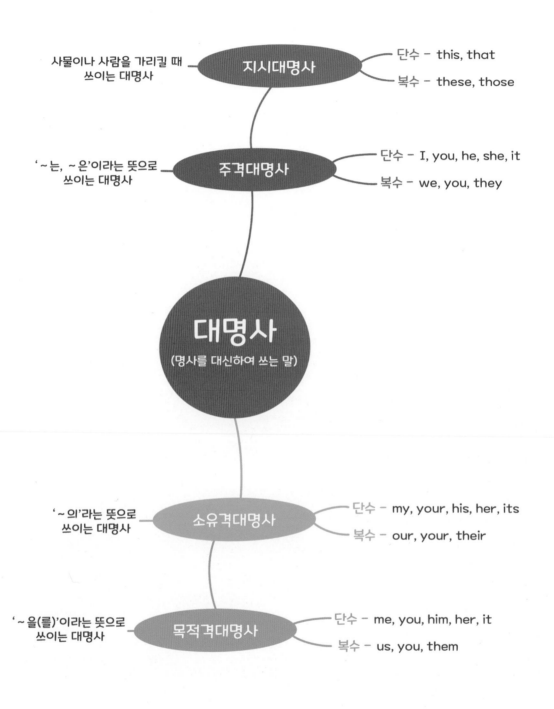

사물이나 사람을 가리킬 때 쓰이는 대명사 — 지시대명사
단수 – this, that
복수 – these, those

'~는, ~은'이라는 뜻으로 쓰이는 대명사 — 주격대명사
단수 – I, you, he, she, it
복수 – we, you, they

대명사
(명사를 대신하여 쓰는 말)

'~의'라는 뜻으로 쓰이는 대명사 — 소유격대명사
단수 – my, your, his, her, its
복수 – our, your, their

'~을(를)'이라는 뜻으로 쓰이는 대명사 — 목적격대명사
단수 – me, you, him, her, it
복수 – us, you, them

Part 2

대명사

Day 04 대명사 (1)

혼공개념 007 지시대명사 this와 these

1 '대명사'는 말 그대로 명사를 대신해서 쓰는 말이지요. 가까운 곳에 있는 하나의 사물을 가리킬 경우에 지시대명사 this(이것)를 써요.

this
(이것)

2 가까운 곳에 있는 둘 이상의 사물을 가리킬 때는 지시대명사 this의 복수인 these(이것들)를 써요.

these
(이것들)

3 가까운 곳에 있는 한 사람을 가리킬 때 지시대명사 this를 쓸 수 있어요. 이런 경우 this는 '이 사람'이라는 뜻이지요. 그리고 가까운 곳에 있는 여러 사람을 가리킬 때 this의 복수인 these를 쓰는데 these는 '이 사람들'을 의미해요.

this
(이 사람)

these
(이 사람들)

 바로! 확인문제 01 다음 괄호 안에 this 또는 these 중 알맞은 것을 쓰시오.

정답과 해설 17쪽

(1)

(   )

(2)

(   )

(3)

(   )

(4)

(   )

1 먼 곳에 있는 하나의 사물을 가리키는 경우에는 지시대명사 that(저것)을 써요.

that
(저것)

2 먼 곳에 있는 둘 이상의 사물을 가리킬 때는 지시대명사 that의 복수인 those(저것들)를 써요.

those
(저것들)

3 먼 곳에 있는 한 사람을 가리킬 때도 지시대명사 that을 쓸 수 있어요. 이 경우 that은 '저 사람'이라는 뜻이지요. 그리고 먼 곳에 있는 여러 명의 사람을 가리킬 때는 that의 복수인 those를 쓰는데 those는 '저 사람들'을 의미해요.

that
(저 사람)

those
(저 사람들)

바로! 확인문제 02 다음 괄호 안에 that 또는 those 중 알맞은 것을 쓰시오.　　　　정답과 해설 17쪽

(1)

(　　　　　)

(2)

(　　　　　)

(3)

(　　　　　)

(4)

(　　　　　)

(5)

(　　　　　)

(6)

(　　　　　)

다음 그림을 보고 둘 중에 알맞은 것을 고르시오.

(1)
① this
② these

(2)
① this
② these

(3)
① these
② those

(4)
① this
② that

(5)
① this
② that

(6)
① this
② these

(7)
① that
② those

(8)
① this
② that

(9)
① this
② those

(10)
① these
② those

(11)
① that
② those

(12)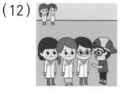
① this
② these

Ⓐ **다음 빈칸에 들어갈 알맞은 것을 고르시오.**

(1) 사람이나 사물의 이름을 대신하여 쓰는 말을 _____라고 해요.   ① 명사   ② 대명사

(2) 가까운 곳에 있는 하나를 가리킬 때는 _____(이)라고 해요.   ① this   ② that

(3) 먼 곳에 있는 하나를 가리킬 때는 _____(이)라고 해요.   ① this   ② that

(4) 먼 곳에 있는 여럿을 가리킬 때는 _____을(를) 써요.   ① these   ② those

Ⓑ **다음 우리말과 그림에 해당하는 알맞은 것을 고르시오.**

(1) [그림]은 귀엽다.   ① this   ② these

(2) 나는 [그림]을 좋아한다.   ① that   ② those

(3) [그림]은 맛있어 보인다.   ① these   ② those

(4) [그림]은 무섭다.   ① this   ② that

Ⓒ **다음 중 대명사가 아닌 것을 고르시오.**

① this   ② tea   ③ these   ④ those   ⑤ that

Ⓓ **다음 글을 읽고, 밑줄 친 부분에 알맞은 영단어를 〈보기〉에서 찾아 쓰시오.**

오늘은 내 방을 정리하면서 잃어버린 줄 알았던 물건들을 찾았다.

(1) 이것은 나의 비밀 일기장이다.

책상 위에 있는 (2) 저것들은 비밀 일기장을 잠글 수 있는 열쇠들이다.

내가 좋아하는 필통도 한 개 찾았다. (3) 저것은 내가 매우 아꼈던 것이다.

그리고 나의 소중한 친구들이 보내준 크리스마스 카드들도 찾았다.

나는 앞으로 (4) 이것들을 잘 보관할 것이다.

〈 보기 〉

that   these   this   those

(1) _____   (2) _____   (3) _____   (4) _____

Day 05 대명사 (2)

혼공개념 009 주격대명사 (단수)

1 '~는, ~은'이라는 뜻으로 쓰이는 대명사를 '주격대명사'라고 해요. 우리말로는 다음과 같은 것을 주격대명사라고 해요.

나는   너는   그는   그녀는   그것은

2 '한 명' 또는 '하나'를 나타내는 영어의 단수 주격대명사에는 다음과 같은 것이 있어요.

I (나는)   you (너는)   he (그는)   she (그녀는)   it (그것은)

3 세상에서 가장 소중한 'I(나)'는 1인칭, 내 앞에 있는 'you(너)'는 2인칭, 나머지는 3인칭이라고 해요. 따라서 'he(그)', 'she(그녀)', 'it(그것)'은 3인칭이지요.

 인칭 '인칭'은 주로 사람을 나타내는 말이지만 it처럼 사물을 나타내는 단어에도 쓰여요.

 바로! 확인문제 이 다음 그림에 알맞은 주격대명사를 괄호 안에 영어로 쓰고 몇 인칭인지 고르시오. 정답과 해설 18쪽

(1)
　① 1인칭
　② 2인칭
　③ 3인칭

　　(　　　　　)

(2)
　① 1인칭
　② 2인칭
　③ 3인칭

　　(　　　　　)

(3)
　① 1인칭
　② 2인칭
　③ 3인칭

　　(　　　　　)

(4)
　① 1인칭
　② 2인칭
　③ 3인칭

　　(　　　　　)

(5)
　① 1인칭
　② 2인칭
　③ 3인칭

　　(　　　　　)

(6)
　① 1인칭
　② 2인칭
　③ 3인칭

　　(　　　　　)

1 '둘' 이상을 나타내는 것을 복수라고 하지요. we, you, they는 둘 이상을 나타내는 복수 주격대명사 이지요.

we (우리는)

you (너희들은)

they (그들은, 그것들은)

2 'I(나)'를 포함하여 나와 함께 있는 사람(들)을 'we(우리)'라고 해요. 그리고 내 앞에 한 사람은 'you (너)'라고 하고 여러 명은 'you(너희들)'라고 해요.

단수	복수	단수	복수
I (나는)	we (우리는)	you (너는)	you (너희들은)

주격대명사 you 위의 설명에서도 알 수 있듯이 주격대명사 you는 '너'라는 단수로도 쓰이고 '너희들'이라는 복수로도 쓰여요.

3 'I(나)'가 포함되어 있는 복수 주격대명사 'we(우리)'는 1인칭, 'you(너)'가 포함되어 있는 복수 주격대 명사 'you(너희들)'은 2인칭, he(그), she(그녀), it(그것)의 복수 주격대명사인 'they(그들, 그것들)'는 3인칭이라고 하지요.

바로! 확인문제 02 다음 그림에 알맞은 주격대명사를 괄호 안에 영어로 쓰고 몇 인칭인지 고르시오. 정답과 해설 18쪽

(1)
① 1인칭
② 2인칭
③ 3인칭

(   )

(2)
① 1인칭
② 2인칭
③ 3인칭

(   )

(3)
① 1인칭
② 2인칭
③ 3인칭

(   )

(4)
① 1인칭
② 2인칭
③ 3인칭

(   )

(5)
① 1인칭
② 2인칭
③ 3인칭

(   )

(6)
① 1인칭
② 2인칭
③ 3인칭

(   )

다음 그림을 보고 둘 중에 알맞은 것을 고르시오.

(1)

① 나는
② 우리는

(2)

① 너는
② 너희들은

(3)

① 그것은
② 그것들은

(4)

① he
② she

(5)

① we
② you

(6)

① they
② it

(7)

① 1인칭
② 2인칭

(8)

① 1인칭
② 3인칭

(9)

① 2인칭
② 3인칭

(10)

① 1인칭
② 2인칭

(11)

① 1인칭
② 3인칭

(12)

① 2인칭
② 3인칭

Ⓐ 다음 빈칸에 들어갈 알맞은 것을 고르시오.

(1) '~는, ~은'으로 말할 수 있는 대명사를 _____라고 해요.　　① 주격대명사　　② 소유격대명사

(2) '나'와 '우리'를 가리키는 대명사는 _____인칭이지요.　　① 1　　② 2

(3) '너'와 '너희들'을 가리키는 대명사는 _____인칭이지요.　　① 1　　② 2

(4) '그것'과 '그것들'을 가리키는 대명사는 _____인칭이지요.　　① 2　　② 3

Ⓑ 다음 우리말과 그림에 해당하는 알맞은 것을 고르시오.

(1) 은 학생이다.　　① I　　② they

(2) 가 나를 좋아한다.　　① she　　② he

(3) 은 내가 제일 좋아하는 과일이다.　　① they　　② it

(4) 이 경기는 가 이겼다.　　① you　　② we

Ⓒ 다음 중 3인칭 대명사가 아닌 것을 고르시오.

① he　　② it　　③ they　　④ you　　⑤ she

Ⓓ 다음 글을 읽고, 밑줄 친 부분에 알맞은 영단어를 〈보기〉에서 찾아 쓰시오.

나에게는 남동생과 여동생, 2명의 동생이 있다.

첫째 동생의 이름은 민호다. (1) 그는 운동을 아주 잘 한다.

둘째 동생의 이름은 수진이다. (2) 그녀는 만들기를 참 잘한다.

오늘은 첫째 동생인 민호의 생일이다.

(3) 나는 그에게 깜짝 파티를 준비하기로 하고 야구 글러브와 배트를 구입했다.

(4) 그것들은 그를 위한 선물이었다.

그가 좋아하는 것을 보고 (5) 우리는 모두 행복했다.

〈보기〉

I　　he　　she　　they　　we

(1) _____　　(2) _____　　(3) _____　　(4) _____　　(5) _____

혼공개념 011 소유격대명사 (단수)

1 '~의'라는 뜻으로 쓰이는 대명사를 '소유격대명사'라고 해요. '나의', '그의'처럼 '~의'라는 말에는 '가지고 있다'라는 '소유'의 의미가 담겨 있어요.

나의   너의   그의   그녀의   그것의

2 Day 05에서 공부했던 단수 주격대명사와 지금 공부하고 있는 소유격대명사의 단수를 한 눈에 살펴볼 수 있도록 표로 정리했어요.

인칭 ＼ 격	주격	소유격
1인칭	I (나는)	my (나의)
2인칭	you (너는)	your (너의)
3인칭	he (그는) / she (그녀는) / it (그것은)	his (그의) / her (그녀의) / its (그것의)

3 소유격대명사 다음에 명사가 오면 '가지다'라는 의미를 지닌 다양한 소유의 표현을 할 수가 있어요.

my doll   your building   his car   her bicycle   its house
(나의 인형)   (너의 빌딩)   (그의 자동차)   (그녀의 자전거)   (그것의 집)

바로! 확인문제 이 다음 그림에 알맞은 소유격대명사를 고르시오.

정답과 해설 19쪽

(1)
① I
② my

(2)
① his
② he

(3)
① his
② her

(4)
① she
② her

(5)
① her
② his

(6)
① its
② your

소유격대명사 (복수)

1 주격대명사처럼 소유격대명사도 복수를 표현할 수 있어요. 단수 주격대명사와 함께 소유격대명사의 복수를 표로 정리했어요.

인칭 ＼ 격	주격	소유격
1인칭	we (우리는)	our (우리들의)
2인칭	you (너희들은)	your (너희들의)
3인칭	they (그들은 / 그것들은)	their (그들의 / 그것들의)

2 소유격대명사의 복수도 뒤에 명사가 오면 '가지다'라는 의미를 지닌 다양한 소유의 표현을 할 수 있어요.

our school
(우리들의 학교)

your bus
(너희들의 버스)

their building
(그들의 빌딩)

3 소유격대명사 your의 경우는 단수와 복수로 모두 쓰이고, 소유격대명사 their는 상황에 따라 사람을 나타낼 수도 있고 사물이나 동물을 나타낼 수 있어요.

your bus
(너의 버스)

your bus
(너희들의 버스)

their building
(그들의 빌딩)

their house
(그것들의 집)

바로! 확인문제 02 다음 그림에 알맞은 소유격대명사를 고르시오.   정답과 해설 19쪽

(1)
① our
② we

(2)
① you
② your

(3)
① their
② your

(4)
① our
② their

(5)
① you
② your

(6)
① their
② its

다음 그림을 보고 둘 중에 알맞은 것을 고르시오.

(1)
① 나의
② 그녀의

(2)
① 그의
② 그녀의

(3)
① 그의
② 그녀의

(4)
① its
② her

(5)
① their
② his

(6)
① my
② our

(7)
① your
② you

(8)
① 1인칭
② 3인칭

(9)
① 1인칭
② 3인칭

(10)
① 1인칭
② 3인칭

(11)
① 1인칭
② 3인칭

(12)
① 1인칭
② 2인칭

A 다음 빈칸에 들어갈 알맞은 것을 고르시오.

(1) '~의'로 쓸 수 있는 것을 _____ 대명사라고 해요.   ① 주격   ② 소유격

(2) 소유격대명사는 _____와 같이 쓸 수 있어요.   ① 명사   ② 대명사

(3) 단수 소유격대명사에는 my, your, his, _____, its가 있어요.   ① she   ② her

(4) 복수 소유격대명사에는 _____, your, their가 있어요.   ① our   ② we

B 다음 우리말과 그림에 해당하는 알맞은 것을 고르시오.

(1) 저것은 ___ 아이스크림이다.   ① I   ② my

(2) ___ 자동차는 빨간색이니?   ① your   ② you

(3) 이것은 ___ 축구공이다.   ① his   ② her

(4) 이것은 ___ 뼈다귀이다.   ① its   ② their

C 다음 중 소유격대명사가 <u>아닌</u> 것을 고르시오.

① my   ② your   ③ their   ④ his   ⑤ it

D 다음 글을 읽고, 밑줄 친 부분에 알맞은 영단어를 〈보기〉에서 찾아 쓰시오.

> 오늘은 학교에서 장래희망을 발표하는 날이었다.
>
> (1) <u>나의</u> 장래희망은 축구선수다.
>
> 내 짝꿍에게 물었다. "(2) <u>네</u> 꿈은 뭐야?"
>
> 짝꿍은 손흥민처럼 멋진 축구선수가 될 거라고 했다.
>
> 내 앞자리의 수진이는 요리하는 것을 좋아해서 (3) <u>그녀의</u> 꿈은 요리사라고 했다.
>
> 우와! 우리 반에 같은 장래희망을 가지고 있는 친구들이 7명이나 있었다.
>
> (4) <u>그들의</u> 꿈은 가수였다.
>
> (5) 나는 <u>우리들의</u> 꿈이 꼭 이뤄지길 기도했다.

〈 보기 〉

her   their   our   my   your

(1) _____ (2) _____ (3) _____ (4) _____ (5) _____

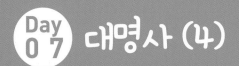

혼공개념 013   목적격대명사 (단수)

1 '~을(를)'이라는 의미로 쓰이는 대명사를 '목적격대명사'라고 해요.

나를   너를   그를   그녀를   그것을

2 '하나'를 의미하는 단수 목적격대명사에는 어떤 것이 있는지 정리했어요. 복습할 수 있도록 주격, 소유격대명사의 단수도 함께 정리하였으니 다시 한 번 잘 살펴보세요.

인칭 \ 격	주격	소유격	목적격
1인칭	I (나는)	my (나의)	me (나를)
2인칭	you (너는)	your (너의)	you (너를)
3인칭	he (그는) / she (그녀는) / it (그것은)	his (그의) / her (그녀의) / its (그것의)	him (그를) / her (그녀를) / it (그것을)

3 동작을 나타내는 단어인 동사와 목적격대명사를 함께 쓰면 간단한 문장을 만들 수 있어요. 동사를 쓰고 그 다음에 목적격대명사를 쓰면 되지요.

 + =

Eat   it   Eat it.
먹어라   그것을   그것을 먹어라.

혼공쌤
꿀~팁

목적격대명사의 해석 목적격대명사는 보통 '~을(를)'로 해석되지만 '~에게'로 해석될 때도 있어요. 예를 들어 Call me.는 'call(전화하다) + me(나를)'이 합쳐진 문장인데 해석하면 '나를 전화해.'가 아니라 '나에게 전화해.'라는 의미가 된다는 것을 알아두세요.

바로! 확인문제 01   다음 그림에 알맞은 목적격대명사를 고르시오.   정답과 해설 20쪽

(1) (나)
① me
② my

(2)
① she
② her

(3)
① it
② its

(4)  (너)
① your
② you

(5)
① it
② him

(6)
① it
② her

목적격대명사 (복수)

1 주격, 소유격처럼 목적격대명사도 여러 명을 나타내는 복수가 있어요. 각 인칭에 해당되는 복수의 목적격대명사에는 어떤 것이 있는 잘 살펴보세요. 주격, 소유격 대명사의 복수도 함께 정리하였으니 복습해보세요.

인칭 \ 격	주격	소유격	목적격
1인칭	we (우리는)	our (우리들의)	us (우리들을)
2인칭	you (너희들은)	your (너희들의)	you (너희들을)
3인칭	they (그들은 / 그것들은)	their (그들의 / 그것들의)	them (그들을 / 그것들을)

2 자, 그러면 지금까지 공부한 주격, 소유격, 목적격대명사의 단수와 복수는 어떤 것이 있었는지 한 눈에 확인할 수 있도록 다시 정리했어요. 복습 자료로 이 표를 잘 활용해보세요.

수 \ 인칭 \ 격	단수			복수		
	주격	소유격	목적격	주격	소유격	목적격
1인칭	I 나는	my 나의	me 나를	we 우리는	our 우리들의	us 우리들을
2인칭	you 너는	your 너의	you 너를	you 너희들은	your 너희들의	you 너희들을
3인칭	he / she / it 그는 그녀는 그것은	his / her / its 그의 그녀의 그것의	him / her / it 그를 그녀를 그것을	they 그들은 / 그것들은	their 그들의 / 그것들의	them 그들을 / 그것들을

바로! 확인문제 02 다음 괄호 빈칸에 들어갈 알맞은 영단어를 쓰시오.

정답과 해설 20쪽

수 \ 인칭 \ 격	단수			(1) _____		
	주격	소유격	(2) _____	(3) _____	소유격	목적격
1인칭	I 나는	(4) _____ 나의	me 나를	we 우리는	(5) _____ 우리들의	us 우리들을
2인칭	you 너는	your 너의	(6) _____ 너를	you 너희들은	your 너희들의	you 너희들을
3인칭	he / she / it 그는 그녀는 그것은	his / her / its 그의 그녀의 그것의	him / her / it 그를 그녀를 그것을	they 그들은 / 그것들은	(7) _____ 그들의 / 그것들의	them 그들을 / 그것들을

다음 그림을 보고 둘 중에 알맞은 것을 고르시오.

(1)
① 나를
② 그녀를

(2)
① 우리들을
② 그를

(3)
① 그를
② 너를

(4)
① 너희들을
② 그것을

(5)
① 그녀를
② 그를

(6)
① me
② them

(7)
① him
② it

(8)
① him
② her

(9)
① you
② us

(10)
① it
② them

(11)
① him
② us

(12)
① us
② you

A 다음 빈칸에 들어갈 알맞은 것을 고르시오.

(1) '~을(를), ~에게'로 말할 수 있는 것을 _____ 대명사라고 해요.   ① 소유격   ② 목적격

(2) '나를'을 뜻하는 목적격대명사는 _____이지요.   ① I   ② me

(3) '그것을'을 뜻하는 목적격대명사는 _____이지요.   ① it   ② its

(4) 목적격대명사 them은 _____이지요.   ① 단수   ② 복수

B 다음 우리말과 그림에 해당하는 알맞은 것을 고르시오.

(1) 엄마는 [나] 사랑하신다.   ① me   ② you

(2) 선생님은 부르셨다.   ① him   ② us

(3) 친구가 나에게 패스했다.   ① you   ② it

(4) 그 가수는 만났다.   ① them   ② their

C 다음 중 목적격대명사가 아닌 것을 고르시오.

① we   ② it   ③ them   ④ you   ⑤ her

D 다음 글을 읽고, 밑줄 친 부분에 알맞은 영단어를 〈보기〉에서 찾아 쓰시오.

오늘은 할아버지의 생신이라 가족들이 모두 모였다.

오랜만에 뵌 친척분들은 (1) 나를 보고 키가 아주 많이 컸다고 하셨다.

큰아버지는 사촌 형에게 곧 내 키가 (2) 그를 넘을 것 같다고 하셨다.

나는 초콜릿을 들고 있었는데 기분이 좋아져서 (3) 그것을 사촌 형에게 주었다.

그 때 엄마가 (4) 우리들을 부르셨다.

나는 (5) 그들을 만나서 기분이 좋은 하루였다.

〈 보기 〉

him   them   me   us   it

(1) _____   (2) _____   (3) _____   (4) _____   (5) _____

1 다음 중 지시대명사가 <u>아닌</u> 것을 고르시오.

① this   ② that   ③ table

④ those   ⑤ these

2 다음 중 2인칭인 대명사를 고르시오.

① I   ② it   ③ he

④ she   ⑤ you

3 다음 중 3인칭 대명사가 <u>아닌</u> 것을 고르시오.

① it   ② he   ③ we

④ she   ⑤ they

4 다음 중 소유격대명사가 <u>아닌</u> 것을 고르시오.

① he   ② its   ③ my

④ our   ⑤ their

5 다음 중 목적격대명사를 고르시오.

① us   ② his   ③ its

④ my   ⑤ their

6 다음 중 대명사의 복수형이 <u>아닌</u> 것을 고르시오.

① we   ② my   ③ our

④ they   ⑤ them

7 다음 중 1인칭 대명사의 복수형을 **두 개** 고르시오.

① his ② we ③ your
④ her ⑤ us

8 다음 〈보기〉에서 밑줄 친 대명사가 **틀린** 표현을 찾아 바르게 고치시오.

〈 보기 〉

my bus   her house   their school   him car   your doll

틀린 표현   바른 표현

_____   →   _____

9 다음 〈보기〉의 관계처럼 빈칸에 알맞은 영단어를 쓰시오.

〈 보기 〉

I − my − me

they − their − _____

10 다음 우리말을 영어로 표현할 때 빈칸에 들어갈 영단어를 쓰시오.

우리들의 건물 → _____ building

| 11-12 | 다음 그림을 보고 알맞은 단어를 〈보기〉에서 찾아 빈칸에 쓰시오.

〈 보기 〉

this   that   these   those

11

_____ ice cream

12

_____ doctors

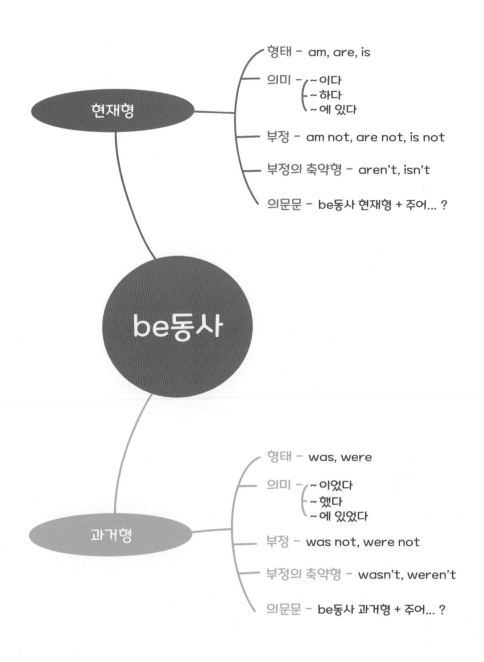

Part 3

동사 1

혼공개념 015 be동사의 모양과 쓰임

1 'be동사'는 다음과 같이 세 가지의 모양으로 변신해서 쓰여요.

이게 바로 be 동사!

am   are   is

2 be동사의 현재형과 어울리는 주격대명사들을 잘 알아야 해요. I는 am과, he, she, it은 is와, 그리고 we, they, you는 are와 함께 쓰여요.

	주격대명사		be동사 + 형용사
단수	I 나는	→	am happy. 행복하다
	She / He / It 그녀는 / 그는 / 그것은	→	is happy. 행복하다
복수	We / They / You 우리들은 / 그들은 / 너희들은(너는)	→	are happy. 행복하다

주격대명사 you 주격대명사 you는 단수와 복수로 모두 쓰여요. 단수로 쓰이면 '너'라는 뜻이고 복수로 쓰이면 '너희들'이라는 뜻이지요. 그런데 you는 단수이든 복수이든 상관없이 be동사로 are를 써야 해요.

3 둘 이상은 복수이므로 이런 경우에 함께 써야 하는 be동사는 are라는 것을 알고 있어야 해요.

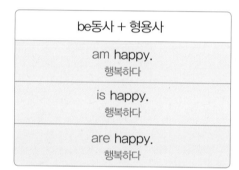 and + are + happy. (Tom과 Jenny는 행복하다.)

Tom과 Jenny는   ~하다   행복한(형용사)

바로! 확인문제 이 다음 빈칸에 들어갈 알맞은 것을 고르시오.
정답과 해설 22쪽

(1) I _____ happy.
나는 행복하다.
① am   ② is

(2) You _____ happy.
너는 행복하다.
① is   ② are

(3) We _____ happy.
우리는 행복하다.
① is   ② are

(4) She _____ happy.
그녀는 행복하다.
① is   ② am

(5) Tom and Jenny _____ happy.
Tom과 Jenny는 행복하다.
① are   ② is

(6) It _____ happy.
그것은 행복하다.
① is   ② are

1 be동사 뒤에 어떤 말이 오느냐에 따라 be동사의 뜻이 달라져요. 명사가 오면 '~이다'라는 뜻으로 쓰여요.

I + am + a boy. (나는 소년이다.)
나는 ~이다 소년(명사)

2 be동사 뒤에 형용사가 오면 '~하다'라는 뜻으로 쓰여요.

We + are + happy. (우리는 행복하다.)
우리는 ~하다 행복한(형용사)

형용사(形容詞) happy처럼 사람이나 사물의 상태나 성질 등을 자세하게 설명하거나 꾸며주는 말을 '형용사'라고 해요. Day 20에서 자세하게 배우게 될 거예요.

3 be동사 뒤에 장소를 나타내는 '구'가 오면 '~에 있다'라는 뜻으로 쓰여요.

He + is + in the room. (그는 방에 있다.)
그는 ~에 있다 방에(전치사구)

구(句) in the room은 세 단어가 한덩어리처럼 모여 '방에'라는 뜻으로 쓰여요. 이처럼 두 단어 이상이 모여 뜻이 되는 덩어리를 '구(句)'라고 해요. in the kitchen(부엌에서), in the park(공원에서)도 구이지요. 전치사(Day 24 ~ Day 26)를 공부할 때 다양하게 쓰이는 '구'를 접하게 될 거예요.

바로! 확인문제 02 다음 밑줄 친 be동사의 뜻을 고르시오.   정답과 해설 22쪽

(1) She / is / a girl.
그녀는 / _____ / 소녀
① ~이다   ② ~하다

(2) She / is / angry.
그녀는 / _____ / 화난
① ~하다   ② ~에 있다

(3) He / is / sad.
그는 / _____ / 슬픈
① ~하다   ② ~에 있다

(4) He / is / in his room.
그는 / _____ / 그의 방에
① ~이다   ② ~에 있다

(5) Dad / is / in the park.
아빠는 / _____ / 공원에
① ~이다   ② ~에 있다

(6) Dad / is / thirsty.
아빠는 / _____ / 목마른
① ~하다   ② ~에 있다

A 다음 그림에 알맞은 주격대명사를 괄호 안에 영어로 쓰고, 어울리는 be동사를 고르시오.

(1)

① am
② is
③ are

(   )

(2)

① am
② is
③ are

(   )

(3)

① am
② is
③ are

(   )

(4)

① am
② is
③ are

(   )

(5)

① am
② is
③ are

(   )

(6)

① am
② is
③ are

(   )

(7)

① am
② is
③ are

(   )

(8)

① am
② is
③ are

(   )

B 다음 그림과 우리말을 보고 빈칸에 알맞은 영단어를 써서 문장을 완성하시오.

(1)

그녀는 / 이다 / 소녀

She / _____ / a _____.

(2)

그는 / 하다 / 슬픈

_____ / _____ / sad.

(3)

아빠는 / 있다 / 공원에

Dad / _____ / in the _____.

(4)

엄마는 / 있다 / 부엌에

_____ / _____ / in the _____.

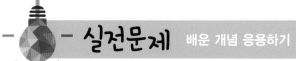
A 다음 빈칸에 들어갈 알맞은 것을 고르시오.

(1) _____동사는 '~이다', '~하다', '~에 있다'라는 뜻으로 쓰여요.　　　① be　　② do

(2) I(나)와 어울리는 be동사는 _____이지요.　　　① is　　② am

(3) 둘 이상의 복수가 주어이면 be동사로 _____를 써요.　　　① are　　② is

(4) be동사 뒤에 장소를 나타내는 '구'가 오면 '_____'라고 해석해요.　　　① ~하다　　② ~에 있다

B 다음 그림을 보고 영단어를 올바르게 배열하여 문장을 완성하시오.

(1)

(is / She / a girl)

_____

(2)

(sad / is / He)

_____

(3)

(in the park / Dad / is)

_____

(4)

(Mom / in the kitchen / is)

_____

C 다음 빈칸에 들어갈 be동사가 <u>다른</u> 하나를 고르시오.

① He _____ happy.　　　② We _____ happy.

③ You _____ happy.　　　④ They _____ happy.

⑤ Tom and Jenny _____ happy.

D 다음은 be동사를 사용한 영어 문장이다. 밑줄 친 be동사를 올바른 형태로 고치시오.

(1) I is a student.　　　→ _____

(2) I are happy.　　　→ _____

(3) She am a teacher.　　　→ _____

(4) They is sad.　　　→ _____

(5) Tom and I am in the room.　　　→ _____

Day 09 be동사 (2)

혼공개념 017   be동사 과거의 모양과 쓰임

1 be동사의 과거형에는 was와 were가 있고 '~이었다', ~했다, ~있었다'라는 의미로 쓰이지요.

was   were

be동사의 과거형은
두개 밖에 없어!

be동사의 과거형 be동사의 현재형은 am, is, are의 세 가지이지만 과거형은 was, were 두 가지밖에 없다는 것을 꼭 알아두세요.

2 be동사의 과거형 was는 단수 주격대명사와 어울려 쓰이고, be동사의 과거형 were는 복수 주격대명사와 어울려 쓰여요.

	주격대명사		be동사 + 형용사
단수	I 나는	→	was happy. 행복했다
복수	We / They / You 우리들은 / 그들은 / 너희들은(너는)	→	were happy. 행복했다

3 둘 이상의 복수 다음에 be동사의 과거형은 무엇을 써야 할까요? 맞아요, 복수와 어울리는 be동사의 과거형은 were이지요.

Tom and Jenny + were + happy. (Tom과 Jenny는 행복했다.)
Tom과 Jenny는   ~했다   행복한(형용사)

바로! 확인문제 이   다음 빈칸에 들어갈 알맞은 것을 고르시오.

정답과 해설 23쪽

(1) I _____ sad.

나는 슬펐다.

① was   ② were

(2) You _____ sad.

너는 슬펐다.

① was   ② were

(3) He _____ sad.

그는 슬펐다.

① was   ② were

(4) We _____ sad.

우리들은 슬펐다.

① was   ② were

(5) You _____ sad.

너희들은 슬펐다.

① was   ② were

(6) Tom and Jenny _____ sad.

Tom and Jenny는 슬펐다.

① was   ② were

1 be동사의 과거형 뒤에 사람이나 사물의 이름을 나타내는 명사가 오면 '~이었다'라는 의미가 되지요.

I   +   was   +   a teacher. (나는 선생님이었다.)
나는   ~이었다   선생님 (명사)

2 be동사의 과거형 뒤에 사람이나 사물의 성격이나 상태를 나타내는 형용사가 오면 '~했다'라는 의미가 되지요.

We   +   were   +   brave. (우리는 용감했다.)
우리는   ~했다   용감한 (형용사)

3 be동사의 과거형 뒤에 장소를 나타내는 덩어리인 '구'가 오게 되면 '~에 있었다'라는 의미가 되지요.

Mom   +   was   +   in the kitchen. (엄마는 부엌에 있었다.)
엄마는   ~에 있었다   부엌에 (전치사구)

바로! 확인문제 02   **다음 밑줄 친 be동사의 뜻을 고르시오.**   정답과 해설 23쪽

(1) I / was / a teacher.
나는 / _____ / 선생님
① ~이었다   ② ~했다

(2) It / was / a pencil.
그것은 / _____ / 연필
① ~이었다   ② ~에 있었다

(3) He / was / brave.
그는 / _____ / 용감한
① ~이었다   ② ~했다

(4) She / was / in her room.
그녀는 / _____ / 그녀의 방에
① ~이었다   ② ~에 있었다

(5) Mom / was / in the kitchen.
엄마는 / _____ / 부엌에
① ~했다   ② ~에 있었다

(6) They / were / happy.
그들은 / _____ / 행복한
① ~이었다   ② ~했다

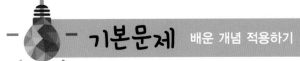
Ⓐ 다음 그림에 알맞은 주격대명사를 괄호 안에 영어로 쓰고 어울리는 be동사를 고르시오.

(1)
① was
② were

(   )

(2)
① was
② were

(   )

(3)
① was
② were

(   )

(4)
① was
② were

(   )

(5)
① was
② were

(   )

(6)
① was
② were

(   )

(7)
① was
② were

(   )

(8)
① was
② were

(   )

Ⓑ 다음 그림과 우리말을 보고 빈칸에 알맞은 영단어를 써서 문장을 완성하시오.

(1)

그녀는 / 이었다 / 선생님
She / _____ / a _____.

(2)

그들은 / 했다 / 행복한
They / _____ / _____.

(3)

엄마는 / 있었다 / 부엌에
Mom / _____ / _____ the kitchen.

(4)

우리들은 / 이었다 / 학생들
_____ / _____ / students.

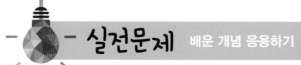
Ⓐ 다음 빈칸에 들어갈 알맞은 것을 고르시오.

(1) be동사의 과거형에는 _____ 가지가 있어요. ① 2 ② 3

(2) you와 어울리는 be동사의 과거형은 _____ 이지요. ① was ② were

(3) be동사의 과거형 뒤에 명사가 오면 '_____'라고 해석해요. ① ~이었다 ② ~했다

(4) be동사의 과거형 뒤에 형용사가 오면 '_____'라고 해석해요. ① ~했다 ② ~에 있다

Ⓑ 다음 그림을 보고 영단어를 올바르게 배열하여 문장을 완성하시오.

(1)

(was / a teacher / She)

_____

(2)

(happy / were / They)

_____

(3)

(in the kitchen / Mom / was)

_____

(4)

(We / students / were)

_____

Ⓒ 다음 빈칸에 들어갈 be동사의 과거형이 다른 하나를 고르시오.

① I _____ brave.

② He _____ brave.

③ It _____ brave.

④ She _____ brave.

⑤ You _____ brave.

Ⓓ 다음은 be동사의 과거형을 사용한 영어 문장이다. 밑줄 친 be동사를 올바른 과거형으로 고치시오.

(1) I were happy. → _____

(2) You was a teacher. → _____

(3) She were sad. → _____

(4) They was in the bathroom. → _____

(5) Tom and Jenny was in the park. → _____

혼공개념 019 be동사의 현재형 부정

1 '나는 학생이다.'를 '부정'하면 '나는 학생이 아니다.'가 되지요. 이처럼 '부정'은 '~가 아니다'라는 의미를 지니고 있어요.

2 영어에서 부정의 표현은 not을 사용해요. be동사의 현재형을 부정하려면 be동사의 현재형 다음에 not을 쓰면 되지요.

	주격대명사		부정
단수	I 나는	→	am not a teacher. 선생님이 아니다
	She / He / It 그녀는 / 그는 / 그것은	→	is not in the kitchen. 부엌에 있지 않다
복수	We / They / You 우리들은 / 그들은 / 너희들은(너는)	→	are not happy. 행복하지 않다

3 'be동사의 현재형 + not'은 줄임말로 쓸 수 있어요. is not은 isn't로 are not은 aren't로 줄여서 쓸 수 있어요.

It is not in the room. = It isn't in the room. (그것은 방에 있지 않다.)

She is not a doctor. = She isn't a doctor. (그녀는 의사가 아니다.)

We are not sad. = We aren't sad. (우리들은 슬프지 않다.)

바로! 확인문제 01 다음 빈칸에 들어갈 알맞은 것을 고르시오.

정답과 해설 25쪽

(1) I _____ happy.

나는 행복하지 않다.

① am not   ② is not

(2) She _____ sad.

그녀는 슬프지 않다.

① am not   ② is not

(3) We _____ students.

우리는 학생이 아니다.

① are not   ② is not

(4) I _____ in my room.

나는 방에 있지 않다.

① am not   ② is not

(5) It _____ a banana.

그것은 바나나가 아니다.

① aren't   ② isn't

(6) You _____ a cook.

너는 요리사가 아니다.

① aren't   ② isn't

1 be동사의 현재형을 부정하려면 뒤에 not을 쓰듯이, be동사의 과거형도 부정하려면 뒤에 not을 써야 해요.

	주격대명사		부정
단수	I 나는	→	was not a teacher. 선생님이 아니었다
	She / He / It 그녀는 / 그는 / 그것은	→	was not in the kitchen. 부엌에 있지 않았다
복수	We / They / You 우리들은 / 그들은 / 너희들은(너는)	→	were not happy. 행복하지 않았다

2 'be동사의 과거형 + not'은 줄임말로 쓸 수 있어요. be동사의 과거형은 was와 were가 있지요. was not은 wasn't로 were not은 weren't로 줄여서 쓴답니다.

It was not in the room. = It wasn't in the room. (그것은 방에 있지 않았다.)

She was not a doctor. = She wasn't a doctor. (그녀는 의사가 아니었다.)

We were not sad. = We weren't sad. (우리들은 슬프지 않았다.)

be동사와 not을 줄여 쓸 수 없는 경우 be동사의 현재형과 과거형 다음에 부정의 not이 오면 줄여 쓸 수 있지요. 하지만 1인칭 주격대명사와 어울려 쓰는 be동사의 현재형인 am 뒤에 부정의 의미를 지닌 not이 오는 경우인 am not은 줄여 쓸 수가 없다는 것을 꼭 기억하세요.

바로! 확인문제 02 다음 빈칸에 들어갈 알맞은 것을 고르시오. 　　　　　　정답과 해설 25쪽

(1) I _____ happy.
나는 행복하지 않았다.
① am not　② was not

(2) She _____ thirsty.
그녀는 목마르지 않았다.
① is not　② was not

(3) We _____ in the school.
우리는 학교에 있지 않았다.
① are not　② were not

(4) I _____ sad.
나는 슬프지 않았다.
① was not　② were not

(5) You _____ in the park
너는 공원에 있지 않았다.
① was not　② were not

(6) They _____ brave.
그들은 용감하지 않았다.
① was not　② were not

(7) It _____ a banana.
그것은 바나나가 아니었다.
① wasn't　② weren't

(8) He _____ in the kitchen.
그는 부엌에 있지 않았다.
① wasn't　② weren't

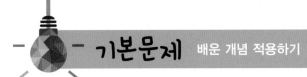
다음 빈칸에 우리말 뜻에 알맞은 영단어를 쓰시오.

(1) 너는 행복하지 않다.

You _____ _____ happy.

(2) 너는 행복하지 않았다.

You _____ _____ happy.

(3) 엄마는 목마르지 않다.

Mom _____ _____ thirsty.

(4) 엄마는 목마르지 않았다.

Mom _____ _____ thirsty.

(5) 그것은 연필이 아니다.

It _____ _____ a pencil.

(6) 그것은 연필이 아니었다.

It _____ _____ a pencil.

(7) 나는 내 방에 있지 않다.

I _____ _____ in my room.

(8) 나는 내 방에 있지 않았다.

I _____ _____ in my room.

(9) 그들은 학생이 아니다.

They _____ students.

(10) 그들은 학생이 아니었다.

They _____ students.

(11) 그녀는 용감하지 않다.

She _____ brave.

(12) 그녀는 용감하지 않았다.

She _____ brave.

(13) 아빠는 공원에 있지 않다.

Dad _____ in the park.

(14) 아빠는 공원에 있지 않았다.

Dad _____ in the park.

(15) 그는 배가 고프지 않다.

He _____ hungry.

(16) 그는 배가 고프지 않았다.

He _____ hungry.

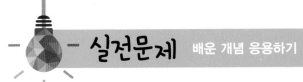

Ⓐ 다음 빈칸에 들어갈 알맞은 것을 고르시오.

(1) 부정은 '_____'라는 뜻이지요.　① ~이다　② ~가 아니다

(2) be동사의 현재형 _____에 not을 쓰면 부정을 할 수 있어요.　① 앞　② 뒤

(3) is not은 줄여서 _____라고 해요.　① isn't　② wasn't

(4) was not은 줄여서 _____라고 해요.　① wasn't　② weren't

Ⓑ 다음 우리말에 알맞게 영단어를 배열하시오.

(1) 나는 행복하지 않다.

(I / not / happy / am)

_____

(2) 너는 학생이 아니다.

(not / You / a student / are)

_____

(3) 엄마는 부엌에 있지 않았다.

(in the kitchen / Mom / not / was)

_____

(4) 그들은 용감하지 않았다.

(were / They / brave / not)

_____

Ⓒ 다음 중 be동사와 not의 줄임말로 틀린 것을 고르시오.

① isn't　　② wasn't　　③ weren't

④ aren't　　⑤ amn't

Ⓓ 다음은 be동사를 부정한 영어 문장이다. 밑줄 친 부분을 올바른 형태로 고치시오.

(1) I not am happy.　→ _____

(2) You is not a cook.　→ _____

(3) She am not thirsty.　→ _____

(4) They not were in the park.　→ _____

(5) It not was a pencil.　→ _____

혼공개념 021 be동사의 현재 의문문

1 '의문문'은 상대방에게 어떤 생각이나 의견을 물어보는 문장이지요.

너는
학생이니?

2 be동사의 현재형과 주격대명사(주어)의 위치를 바꾸면 의문문이 되는데, 의문문은 물어보는 문장이므로 마지막에 물음표 부호(?)를 써야 해요.

You are hungry. (너는 배가 고프다.)

Are you hungry? (너는 배가 고프니?)

3 be동사가 사용된 의문문에 대해 대답할 때는 Yes(응)나 No(아니)로 할 수가 있어요.

Yes, I am.   Are you hungry?

• 긍정 대답: Yes, I am. (응, 배고파.)
• 부정 대답: No, I am not. (아니, 안 배고파.)

혼공쌤
꿀~팁

의문문에 대답하기 상대방이 '너'라고 물어보면 우리는 '나'라고 대답하죠. 그래서 Are you hungry?처럼 you라고 물어보면 Yes, I am.이라고 대답하지요. 하지만 Is he hungry?라고 물어보면 Yes, he is.로 대답을 해요.

바로!
확인문제
01

다음 빈칸에 들어갈 영단어를 쓰시오.

정답과 해설 26쪽

(1) ＿＿＿ ＿＿＿ hungry?

그는 배가 고프니?

(2) ＿＿＿ ＿＿＿ angry?

너는 화가 나니?

(3) ＿＿＿ ＿＿＿ a cook?

그녀는 요리사니?

(4) ＿＿＿ ＿＿＿ a pencil?

이것은 연필이니?

(5) ＿＿＿ ＿＿＿ thirsty?

너는 목이 마르니?

(6) ＿＿＿ ＿＿＿ brave?

그는 용감하니?

(7) ＿＿＿ ＿＿＿ a car?

이것은 자동차니?

(8) ＿＿＿ ＿＿＿ a student?

너는 학생이니?

1 be동사의 과거형이 쓰인 문장도 be동사의 과거형과 주격대명사(주어)의 위치를 바꾸면 의문문이 되지요. 마지막에는 물음표(?)를 써야 하는 것도 잊어서는 안 돼요.

You were hungry. (너는 배가 고팠다.)

✕

Were you hungry? (너는 배가 고팠니?)

2 be동사의 과거형이 쓰인 의문문에 대한 대답을 할 때에도 Yes(응)나 No(아니)로 할 수가 있어요.

- 긍정 대답: Yes, I was. (응, 배고팠어.)
- 부정 대답: No, I was not(wasn't). (아니, 안 배고팠어.)

- 긍정 대답: Yes, he was. (응, 배고팠어.)
- 부정 대답: No, he was not(wasn't). (아니, 안 배고팠어.)

3 주격대명사 이외에 사람의 이름이 주어로 쓰인 문장을 의문문으로 만들 때도 be동사와 사람의 이름의 위치를 바꾸면 돼요.

Tom is hungry. (Tom은 배가 고프다.)

✕

Is Tom hungry? (Tom은 배가 고프니?)

바로! 확인문제 02 다음 빈칸에 들어갈 영단어를 쓰시오.

정답과 해설 26쪽

(1) _____ _____ hungry?

너는 배가 고팠니?

(2) _____ _____ a teacher?

그는 선생님이었니?

(3) _____ _____ angry?

Minho는 화가 났니?

(4) _____ _____ in the room?

너는 방에 있었니?

(5) _____ _____ a ball?

이것은 공이었니?

(6) _____ _____ happy?

그들은 행복했니?

(7) _____ _____ thirsty?

너는 목이 말랐니?

(8) _____ _____ a student?

너는 학생이었니?

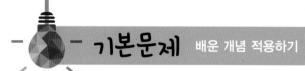

다음 우리말에 알맞게 빈칸에 영단어를 쓰고 올바른 대답을 고르시오.

(1) 너는 배가 고프니?

_____ _____ hungry?

① Yes, I am.

② No, you aren't.

(2) 너는 배가 고팠니?

_____ _____ hungry?

① Yes, you are.

② No, I was not.

(3) 그녀는 선생님이니?

_____ _____ a teacher?

① Yes, she is.

② No, I am not.

(4) 그녀는 선생님이었니?

_____ _____ a teacher?

① Yes, she was.

② No, she is not.

(5) 그들은 방에 있니?

_____ _____ in the room?

① Yes, we are.

② No, they are not.

(6) 그들은 방에 있었니?

_____ _____ in the room?

① Yes, they were.

② No, they are not.

(7) 이것은 자동차니?

_____ _____ a car?

① Yes, it are.

② No, it is not.

(8) 이것은 자동차였니?

_____ _____ a car?

① Yes, it were.

② No, it was not.

(9) Tom은 목이 마르니?

_____ _____ thirsty?

① Yes, he is.

② No, he was not.

(10) Tom은 목이 말랐니?

_____ _____ thirsty?

① Yes, he was.

② No, he were not.

(11) 너는 요리사니?

_____ _____ a cook?

① Yes, you are.

② No, I am not.

(12) 너는 요리사였니?

_____ _____ a cook?

① Yes, I are.

② No, I was not.

Ⓐ 다음 빈칸에 들어갈 알맞은 것을 고르시오.

(1) _____은 상대의 생각이나 의견을 물어보는 문장이지요.   ① 평서문   ② 의문문

(2) be동사와 _____의 위치를 바꾸면 의문문이 돼요.   ① 소유격대명사 ② 주격대명사

(3) be동사가 있는 의문문은 '예, 아니오'로 대답할 수 _____어요. ① 있   ② 없

Ⓑ 다음 우리말에 알맞게 영단어를 배열하시오.

(1) 너는 행복하니?

(you / happy / Are)

_____

(2) 그녀는 선생님이니?

(a teacher / she / Is)

_____

(3) 그들은 방에 있었니?

(in the room / Were / they)

_____

(4) Tom은 슬펐니?

(Tom / sad / Was)

_____

Ⓒ 다음 중 틀린 문장을 고르시오.

① Was she angry?

③ Were you hungry?

⑤ Was he a student?

② Is it a pencil?

④ Tom thirsty is?

Ⓓ 다음은 be동사를 사용하여 만든 영어 문장이다. 밑줄 친 부분을 바르게 고치시오.

(1) You were happy?   → _____

(2) He was a teacher?   → _____

(3) They were in the bathroom?   → _____

(4) Yes, am I.   → _____

(5) No, were they not.   → _____

1 다음 빈칸에 들어갈 be동사의 현재형이 <u>다른</u> 것을 고르시오.

① She _____ happy.   ② I _____ a boy.

③ He _____ in his room.   ④ Tom _____ angry.

⑤ Mom _____ a cook.

2 다음 빈칸에 들어갈 be동사의 과거형이 <u>다른</u> 것을 고르시오.

① She _____ happy.   ② I _____ a boy.

③ He _____ in his room.   ④ You _____ angry.

⑤ Mom _____ a cook.

| 3-5 | 다음 중 **틀린** 문장을 고르시오.

3 ① I am sad.   ② Dad is in the park.

③ He is thirsty.   ④ You is a girl.

⑤ She is in the kitchen.

4 ① It is not a cat.   ② They aren't in the kitchen.

③ He wasn't a doctor.   ④ They were not thirsty.

⑤ I am'nt a teacher.

5 ① Were you hungry?   ② Is it a pencil?

③ Are you a teacher?   ④ We happy were?

⑤ Is she a student?

6 다음 중 밑줄 친 be동사의 과거형이 바르게 쓰인 것을 고르시오.

① I <u>were</u> happy.   ② Jenny <u>were</u> a teacher.

③ They <u>were</u> sad.   ④ It <u>were</u> a pencil.

⑤ He <u>were</u> in the classroom.

7 다음 〈보기〉의 우리말에 알맞게 영단어를 배열하시오.

> 〈 보기 〉
>
> 그녀는 소녀이다. (is / She / girl / a)

_____ .

8 다음 〈보기〉의 관계처럼 빈칸에 알맞은 영단어를 쓰시오.

> 〈 보기 〉
>
> is − was

are − _____

9 다음 문장을 의문문으로 바꿔 쓰시오.

She is a cook. → _____ _____ a cook?

10 다음 영어 문장을 우리말에 알맞게 고쳐 쓰시오.

They were in the park. → _____ _____ _____ _____ .
그들은 공원에 있지 않았다.

| 11-12 | 다음 우리말에 알맞게 빈칸에 영단어를 쓰시오.

11 나는 나의 방에 있다.

I _____ in my _____ .

12 우리들은 슬프지 않았다.

We _____ _____ _____ .

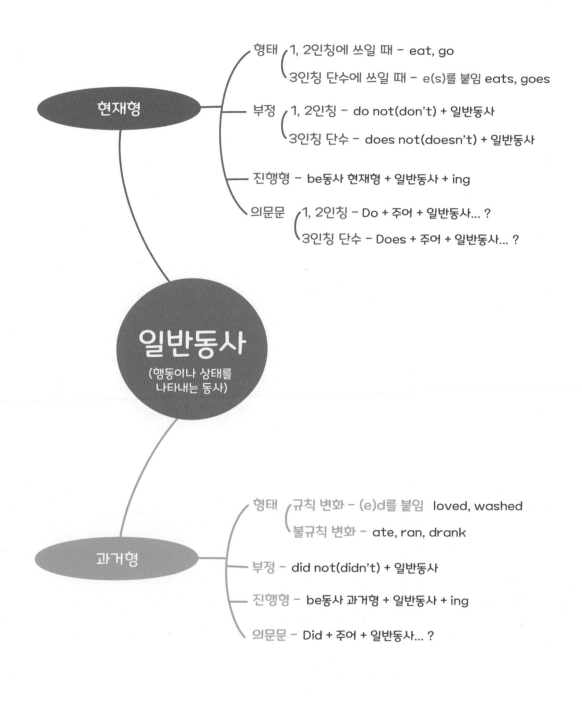

형태 ┌ 1, 2인칭에 쓰일 때 – eat, go
     └ 3인칭 단수에 쓰일 때 – e(s)를 붙임 eats, goes

현재형

부정 ┌ 1, 2인칭 – do not(don't) + 일반동사
     └ 3인칭 단수 – does not(doesn't) + 일반동사

진행형 – be동사 현재형 + 일반동사 + ing

의문문 ┌ 1, 2인칭 – Do + 주어 + 일반동사… ?
      └ 3인칭 단수 – Does + 주어 + 일반동사… ?

일반동사
(행동이나 상태를 나타내는 동사)

형태 ┌ 규칙 변화 – (e)d를 붙임 loved, washed
     └ 불규칙 변화 – ate, ran, drank

과거형

부정 – did not(didn't) + 일반동사

진행형 – be동사 과거형 + 일반동사 + ing

의문문 – Did + 주어 + 일반동사… ?

Part 4

동사 2

혼공개념 023 일반동사의 현재형 ❶

1 '일반동사'는 우리의 행동이나 상태를 나타내는 것으로 그 종류가 아주 많아요.

eat (먹다)   run (달리다)   go (가다)

2 주격대명사 다음에 일반동사를 쓰면 주격대명사의 행동이나 상태를 나타내는 간단한 문장이 만들어져요.

I + go → I go. (나는 간다.)
주격대명사   일반동사

She + eats → She eats. (그녀는 먹는다.)
주격대명사   일반동사

혼공쌤 꿀~팁

주어 주격대명사처럼 일반동사 앞에 쓰인 명사를 문장의 주인인 '주어'라고 해요. 주로 '~은, 는, 이, 가' 로 해석해요.
• Tom eats. (Tom은 먹는다.)   • I eat. (나는 먹는다.)

바로!
확인문제
이

다음 빈칸에 들어갈 알맞은 것을 고르시오.   정답과 해설 29쪽

(1) I _____.

나는 먹는다.

① eat ② go

(2) They _____.

그들은 읽는다.

① run ② read

(3) You _____.

너희들은 노래한다.

① stop ② sing

(4) We _____.

우리는 달린다.

① run ② sing

(5) We _____.

우리는 춤춘다.

① dance ② eat

(6) You _____.

너는 점프한다.

① read ② jump

일반동사의 현재형 ❷

1 주어가 3인칭이고 단 하나인 경우 즉, 단수일 때 그 다음에 오는 일반동사의 현재형에는 끝에 s를 붙여야 해요.

She eats. (○)　　　He jumps. (○)　　　Mary runs. (○)

She eat. (×)　　　He jump. (×)　　　Mary run. (×)

3인칭 단수 I(나), you(너)를 제외한 she(그녀), he(그), it(그것), 그리고 Tom이나 Mary같은 사람은 모두 3인칭이지요. 3인칭이면서 한 명이라는 것을 나타낼 때 흔히 '3인칭 단수'라고 해요.

2 주어가 3인칭이라고 해도 둘 이상인 즉, 복수일 때 그 다음에 오는 일반동사의 현재형에는 끝에 s를 붙이면 안 돼요.

　Tom and Jenny eat. (○) (Tom과 Jenny는 먹는다.)

　Tom and Jenny eats. (×)

3 3인칭 단수인 주어 다음에 오는 일반동사 현재형의 철자가 o, sh, x, ch 등으로 끝나는 경우에는 끝에 s가 아니라 es를 붙여요.

go – goes (가다)　　　wash – washes (씻다)　　　fix – fixes (수리하다)

teach – teaches (가르치다)　　　watch – watches (보다)

자음 + y로 끝나는 일반동사 study(공부하다)처럼 '자음+y'로 끝나는 일반동사는 y를 i로 바꾼 다음 es를 붙여야 해요. studies. (○)　studys. (×)

바로! 확인문제 02 **다음 빈칸에 들어갈 알맞은 것을 고르시오.**　　　　정답과 해설 29쪽

(1) She _____.
　그녀는 먹는다.
　① eat　② eats

(2) You _____.
　너는 점프한다.
　① jump　② jumps

(3) They _____.
　그들은 씻는다.
　① wash　② washes

(4) Kevin _____.
　Kevin은 공부한다.
　① studies　② studys

(5) Mary _____.
　Mary는 수리한다.
　① fix　② fixes

(6) Mary and Kevin _____.
　Mary와 Kevin은 본다.
　① watch　② watches

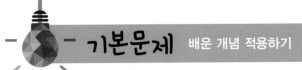

다음 우리말에 알맞게 빈칸에 제시된 철자로 시작하는 일반동사를 쓰시오.

(1) 나는 읽는다.

I r_____.

(2) 너는 점프한다.

You j_____.

(3) 그것은 간다.

It g_____.

(4) Mary와 Kevin은 본다.

Mary and Kevin w_____.

(5) Jane은 수리한다.

Jane f_____.

(6) 그는 공부한다.

He s_____.

(7) 그들은 씻는다.

They w_____.

(8) Tom은 가르친다.

Tom t_____.

(9) 그녀는 먹는다.

She e_____.

(10) 너는 춤춘다.

You d_____.

(11) 우리는 멈춘다.

We s_____.

(12) 그들은 노래한다.

They s_____.

(13) 너는 달린다.

You r_____.

(14) 나는 가르친다.

I t_____.

(15) 그녀는 본다.

She w_____.

(16) 그는 씻는다.

He w_____.

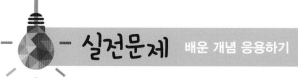

A 다음 빈칸에 들어갈 알맞은 것을 고르시오.

(1) _____는 우리의 행동이나 상태를 나타내요. ① be동사 ② 일반동사

(2) 주격대명사 _____에 일반동사를 써서 간단한 문장을 만들 수 있어요. ① 앞 ② 뒤

(3) 동사 앞에 나온 명사를 _____라고 해요. ① 주어 ② 목적어

(4) 주어가 3인칭 단수이면 일반동사의 현재형 끝에 _____를 붙여요. ① (e)s ② (e)d

B 다음 우리말에 알맞게 영단어를 배열하시오. (동사는 알맞은 형태로 변형할 것)

(1) 그녀는 읽는다.

(read / She)

_____

(2) 그는 가르친다.

(He / teach)

_____

(3) Kevin은 본다.

(Kevin / watch)

_____

(4) Mary는 점프한다.

(jump / Mary)

_____

C 다음 중 **틀린** 문장을 고르시오.

① I dance.

② You eat.

③ He goes.

④ She watches.

⑤ Tom and Mary teaches.

D 다음 밑줄 친 일반동사의 현재형을 올바른 형태로 고치시오.

(1) We eats. → _____

(2) He wash. → _____

(3) You goes. → _____

(4) Mary study. → _____

(5) Tom and Jane fixes. → _____

혼공개념 025 일반동사의 과거형 ❶

❶ 일반동사의 과거형은 시간적으로 이미 지나가버린 과거의 행동이나 상태를 나타내요.

ate (먹었다)

ran (달렸다)

went (갔다)

❷ 일반동사 현재형 끝에 ed를 붙이면 과거형이 되는데 철자가 e로 끝나면 d만 붙이면 돼요.

clean – cleaned
청소하다   청소했다

love – loved
사랑하다 사랑했다

주어가 3인칭 단수일 때 일반동사 주어가 3인칭 단수일 때 일반동사의 현재형에는 s를 붙이고 과거형에는 (e)d를 붙인다는 것을 기억하세요. • She loves. (그녀는 사랑한다.) • She loved. (그녀는 사랑했다.)

❸ 일반동사의 현재형 철자가 '자음 + y'로 끝나는 경우에는 y를 i로 바꾸고 ed를 붙이면 과거형이 돼요.

study – studied
공부하다   공부했다

cry – cried
울다   울었다

모음 + y로 끝나는 일반동사 play(놀다)처럼 철자가 '모음 + y'로 끝나면 y를 i로 바꾸지 않고 뒤에 ed를 붙여요. 따라서 play의 과거형은 plaied가 아니라 played이지요.

바로! 확인문제 01 다음 빈칸에 들어갈 알맞은 것을 고르시오.

정답과 해설 30쪽

（1） He _____.
그는 청소했다.
① cleaned   ② cleand

（2） Tom _____.
Tom은 놀았다.
① played   ② plaied

（3） Suzy _____.
Suzy는 씻었다.
① washed   ② washd

（4） He _____.
그는 공부했다.
① studyed   ② studied

（5） She _____.
그녀는 울었다.
① cried   ② cryed

（6） You _____.
너는 춤췄다.
① danceed   ② danced

1 일반동사의 철자가 '모음 + 자음'으로 끝나는 경우, 과거형을 만들려면 마지막 자음을 한 번 더 써 주고 ed를 붙여야 해요.

 stop − stopped
멈추다   멈췄다

 drop − dropped
떨어뜨리다 떨어뜨렸다

2 일반동사의 과거형을 만들 때 뒤에 아무것도 붙이지 않는 경우도 있어요. 이런 경우에는 현재형과 과거형의 철자가 똑같게 되지요.

 read − read
읽다   읽었다

 put − put
놓다   놓았다

 cut − cut
자르다   잘랐다

 발음의 차이 read는 현재형과 과거형의 철자가 똑같지만 발음은 달라요. 현재형으로 쓰이면 '뤼~드', 과거형으로 쓰이면 '뤠드'라고 발음해요.

3 지금까지 공부한 규칙과는 상관없이 과거형이 만들어지기도 해요. 이런 경우를 '불규칙'이라고 해요. 이런 일반동사들의 과거형 변화는 무턱대고 외우려 하지 말고 반복해서 읽으면서 눈에 익히는 게 중요해요.

 go − went
가다   갔다

 eat − ate
먹다   먹었다

 drink − drank
마시다   마셨다

 run − ran
달리다   달렸다

 바로! 확인문제 02 다음 빈칸에 들어갈 알맞은 것을 고르시오.

정답과 해설 30쪽

(1) A car _____.
차 한 대가 멈췄다.
① stoped ② stopped

(2) He _____.
그는 갔다.
① goed   ② went

(3) She _____.
그녀는 잘랐다.
① cut   ② cuted

(4) You _____.
너는 달렸다.
① runned ② ran

(5) We _____.
우리는 마셨다.
① drank   ② drinked

(6) They _____.
그들은 먹었다.
① ate   ② eated

다음 우리말에 알맞게 빈칸에 제시된 철자로 시작하는 영단어를 쓰시오.

(1) 그는 청소했다.

He c_____.

(2) 나는 떨어뜨렸다.

I d_____.

(3) 우리는 놓았다.

We p_____.

(4) Mary는 울었다.

Mary c_____.

(5) 그녀는 사랑했다.

She l_____.

(6) 그들은 먹었다.

They a_____.

(7) Tom은 놀았다.

Tom p_____.

(8) Jane은 읽었다.

Jane r_____.

(9) 차 한 대가 멈췄다.

A car s_____.

(10) 나는 춤췄다.

I d_____.

(11) Suzy와 Kevin은 봤다.

Suzy and Kevin w_____.

(12) 그는 갔다.

He w_____.

(13) 그들은 마셨다.

They d_____.

(14) 그녀는 잘랐다.

She c_____.

(15) 너는 공부했다.

You s_____.

(16) 우리는 달렸다.

We r_____.

Ⓐ **다음 빈칸에 들어갈 알맞은 것을 고르시오.**

(1) 지나간 행동이나 상태를 나타내는 일반동사를 _____이라고 해요.   ① 현재형   ② 과거형

(2) 일반동사의 마지막에 _____를 붙여 과거형을 만들 수 있어요.   ① (e)d   ② (e)s

(3) 현재형과 과거형이 똑같을 수 _____어요.   ① 있   ② 없

(4) 과거형의 규칙이 없는 경우를 _____이라고 해요.   ① 부정형   ② 불규칙

Ⓑ **다음 우리말에 알맞게 영단어를 배열하시오. (동사는 알맞은 형태로 변형할 것)**

(1) 그녀는 춤췄다.

(dance / She)

_____

(2) 그는 놀았다.

(He / play)

_____

(3) 엄마는 잘랐다.

(cut / Mom)

_____

(4) 나는 공부했다.

(study / I)

_____

Ⓒ **다음 중 틀린 문장을 고르시오.**

① I ate.

② You ran.

③ He washed.

④ She stoped.

⑤ They dropped.

Ⓓ **다음 밑줄 친 일반동사의 과거형을 올바른 형태로 고치시오.**

(1) I eated. → _____

(2) He go. → _____

(3) We stoped. → _____

(4) Mom run. → _____

(5) They drinked. → _____

혼공개념 027   일반동사의 현재 부정

1 주어가 1, 2인칭일 때 일반동사 앞에 do not이나 don't를 써서 부정의 표현을 하지요.

 I run.
나는 달린다.

 I do not(don't) run.
나는 달리지 않는다.

2 주어가 3인칭이고 단수일 때는 일반동사 앞에 does not이나 doesn't를 써서 부정의 표현을 하지요.

 He cleans.
그는 청소한다.

 He does not(doesn't) clean.
그는 청소하지 않는다.

 혼공쌤 꿀~팁   **don't와 doesn't** don't는 do not을 줄여서 쓴 말이고, doesn't는 does not을 줄여서 쓴 말이지요. 미국 사람들이 일상적인 대화할 때에 do not이나 does not보다는 don't와 doesn't를 더 자주 사용해요.

3 does not(doesn't)이 3인칭 단수라는 것을 나타내기 때문에 뒤에 오는 일반동사에는 3인칭 단수 표시인 (e)s를 붙이면 안 돼요.

He doesn't cleans. (×)   He doesn't clean. (○)

 바로! 확인문제 01   다음 빈칸에 들어갈 알맞은 것을 고르시오.   정답과 해설 31쪽

(1) I _____ run.

나는 달리지 않는다.

① don't   ② doesn't

(2) It _____ go.

그것은 가지 않는다.

① don't   ② doesn't

(3) We _____ sing.

우리는 노래 부르지 않는다.

① don't   ② doesn't

(4) You _____ eat.

너는 먹지 않는다.

① don't   ② doesn't

(5) Kevin _____ read.

Kevin은 읽지 않는다.

① don't   ② doesn't

(6) Tom and Mary _____ jump.

Tom과 Mary는 점프하지 않는다.

① don't   ② doesn't

(7) She doesn't _____.

그녀는 씻지 않는다.

① washes   ② wash

(8) He doesn't _____.

그는 청소하지 않는다.

① clean   ② cleans

1 주어가 1, 2인칭일 때 일반동사 앞에 did not이나 didn't를 써서 부정의 표현을 해요.

 I ran.
나는 달렸다.

 I did not(didn't) run.
나는 달리지 않았다.

 didn't did not을 줄여서 쓰는 말이 didn't이지요. 미국인들이 실제 대화에서는 did not보다 didn't를 더 자주 사용해요.

2 주어가 3인칭이고 단수일 경우에도 일반동사 앞에 did not(didn't)을 써서 부정의 표현을 해요.

 He cleaned.
그는 청소했다.

 He did not(didn't) clean.
그는 청소하지 않았다.

3 did not(didn't)은 과거를 나타내므로 뒤에 오는 일반동사에는 s나 ed를 붙이면 안 돼요.

He didn't cleans. (×)　　　　He didn't cleaned. (×)　　　　He didn't clean. (○)

 주어가 3인칭 복수일 때 부정의 표현 주어가 3인칭 복수일 때 일반동사의 현재 부정은 일반동사 앞에 does not(doesn't)
가 아니라 do not이나 don't을 써요.　• They do not(don't) clean. (그들은 청소하지 않는다.)
주어가 3인칭 복수일 때 일반동사의 과거 부정은 3인칭 단수일 때와 마찬가지로 일반동사 앞에 did not이나 didn't를 써요.
• They did not(didn't) clean. (그들은 청소하지 않았다.)

바로! 확인문제 02 다음 빈칸에 들어갈 알맞은 것을 고르시오.　　　　　　　　　　　　　　정답과 해설 31쪽

(1) I _____ run.
나는 달리지 않았다.
① didn't　② don't

(2) We _____ jump.
우리는 점프하지 않았다.
① don't　② didn't

(3) He _____ read.
그는 읽지 않았다.
① don't　② didn't

(4) They _____ sing.
그들은 노래 부르지 않았다.
① didn't　② don't

(5) It _____ go.
그것은 가지 않았다.
① don't　② didn't

(6) She _____ study.
그녀는 공부하지 않았다.
① don't　② didn't

(7) She didn't _____.
그녀는 씻지 않았다.
① washed　② wash

(8) He didn't _____.
그는 먹지 않았다.
① eat　② eats

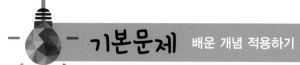
다음 우리말에 알맞게 빈칸에 들어갈 영단어를 쓰시오.

(1) 나는 달리지 않는다.

I _____ run.

(2) 그녀는 씻지 않았다.

She _____ wash.

(3) 그는 청소하지 않는다.

He _____ clean.

(4) 우리는 마시지 않는다.

We _____ drink.

(5) 엄마는 자르지 않는다.

Mom _____ cut.

(6) 그것은 먹지 않았다.

It _____ eat.

(7) Tom은 읽지 않는다.

Tom _____ read.

(8) 너희들은 점프하지 않는다.

You _____ jump.

(9) 우리는 노래 부르지 않았다.

We didn't _____.

(10) 그녀는 먹지 않는다.

She doesn't _____.

(11) Tom과 Mary는 공부하지 않는다.

Tom and Mary don't _____.

(12) 그것은 가지 않았다.

It didn't _____.

(13) 그들은 가르치지 않았다.

They didn't _____.

(14) 아빠는 춤추지 않았다.

Dad didn't _____.

(15) 너는 울지 않았다.

You didn't _____.

(16) 우리는 멈추지 않는다.

We don't _____.

A 다음 빈칸에 들어갈 알맞은 것을 고르시오.

(1) 일반동사의 현재형은 '_____ + 일반동사'로 부정할 수 있어요. ① don't ② didn't

(2) 주어가 3인칭 단수일 때에는 '_____ + 일반동사'로 부정해요. ① don't ② doesn't

(3) 일반동사의 과거형은 '_____ + 일반동사'로 부정할 수 있어요. ① doesn't ② didn't

(4) 일반동사가 과거형이고 주어가 3인칭 단수일 경우 '_____ + 일반동사'를 써서 부정해요.

① didsn't ② didn't

B 다음 우리말에 알맞게 영단어를 배열하시오.

(1) 나는 노래 부르지 않는다.

(I / sing / don't)

_____

(2) 그는 읽지 않는다.

(read / He / doesn't)

_____

(3) 그녀는 공부하지 않았다.

(study / didn't / She)

_____

(4) 우리는 마시지 않았다.

(We / drink / didn't)

_____

C 다음 중 틀린 문장을 고르시오.

① I didn't eat.

③ He didn't jump.

⑤ Tom and Mary didn't sing.

② She didn't run.

④ We didn't danced.

D 다음은 일반동사가 사용된 문장이다. 밑줄 친 부분을 현재 부정형으로 고치시오.

(1) I run. → _____

(2) She goes. → _____

(3) We stop. → _____

(4) Tom washes. → _____

(5) They drink. → _____

Day 15 일반동사 (4)

혼공개념 029 일반동사의 현재 의문문

1 일반동사 현재형이 쓰인 문장을 의문문으로 만들 때에는 do를 문장 앞에 쓰면 돼요. 그리고 문장 끝에 물음표 부호(?)를 표시해야 해요.

You eat. → Do you eat?
너는 먹는다.   너는 먹니?

They eat. → Do they eat?
그들은 먹는다.   그들은 먹니?

2 주어가 3인칭 단수인 경우 의문문을 만들 때는 do가 아니라 does를 문장 앞에 써야 해요.

He runs. → Does he run?
그는 달린다.   그는 달리니?

She eats. → Does she eat?
그녀는 먹는다.   그녀는 먹니?

Tom studies. → Does Tom study?
Tom은 공부한다.   Tom은 공부하니?

He stops. → Does he stop?
그는 멈춘다.   그는 멈추니?

의문문을 만드는 does does는 3인칭 단수를 나타내고 있으므로 뒤에 나오는 일반동사에는 s, es, ed 등을 붙이거나 과거형을 쓰면 안 돼요. • Does he run? (○) • Does he runs? (×) • Does he ran? (×)

3 일반동사의 의문문에 대한 대답을 할 때는 Yes(응), No(아니)로 할 수 있어요.

Do you eat 삼겹살?
너는 삼겹살을 먹니?

• 긍정 대답: Yes, I do. (응, 그래.)
• 부정 대답: No, I don't. (아니, 안 먹어.)

Does she study English?
그녀는 영어를 공부하니?

• 긍정 대답: Yes, she does. (응, 그래.)
• 부정 대답: No, she doesn't. (아니, 안 해.)

바로! 확인문제 이 다음 빈칸에 알맞은 영단어를 쓰시오.

정답과 해설 33쪽

(1) _____ _____ eat 삼겹살?

너는 삼겹살을 먹니?

(2) _____ _____ dance?

그들은 춤추니?

(3) _____ _____ run?

그는 달리니?

(4) _____ _____ go?

그녀는 가니?

(5) _____ _____ study?

Tom은 공부하니?

(6) _____ _____ sing?

너희들은 노래 부르니?

1 일반동사 과거형이 쓰인 문장을 의문문으로 만들 때에는 did를 문장 앞에 쓰면 돼요. 그리고 문장 끝에 물음표 부호(?)를 표시해야 해요.

You cleaned. → Did you clean?
너는 청소했다. 너는 청소했니?

They ate. → Did they eat?
그들은 먹었다. 그들은 먹었니?

2 주어가 3인칭 단수일 경우에도 일반동사 과거형을 의문문으로 만들 때 did를 문장 앞에 쓰면 돼요.

He ran. → Did he run?
그는 달렸다. 그는 달렸니?

She ate. → Did she eat?
그녀는 먹었다. 그녀는 먹었니?

Tom studied. → Did Tom study?
Tom은 공부했다. Tom은 공부했니?

He stopped. → Did he stop?
그는 멈췄다. 그는 멈췄니?

의문문을 만드는 did Did는 과거를 나타내고 있으므로 일반동사에 s, es, ed 등을 붙이거나 과거형으로 변형해서는 안 돼요. • Did you study? (O) • Did he ran? (×) • Did she ate? (×)

주어가 3인칭 복수일 때 의문문 주어가 3인칭 복수일 때 일반동사의 현재 의문문은 문장 앞에 does가 아니라 do를 써요.
• Do they clean? (그들은 청소하니?)
주어가 3인칭 복수일 때 과거 의문문은 3인칭 단수일 때와 마찬가지로 문장 앞에 did를 써요.
• Did they clean? (그들은 청소했니?)

3 일반동사 과거형의 의문문에 대한 대답을 할 때는 Yes(응), No(아니)로 할 수 있어요.

Did you eat 삼겹살?
너는 삼겹살을 먹었니?

• 긍정 대답: Yes, I did. (응, 먹었어.)
• 부정 대답: No, I didn't. (아니, 안 먹었어.)

Did she study English?
그녀는 영어를 공부했니?

• 긍정 대답: Yes, she did. (응, 공부했어.)
• 부정 대답: No, she didn't. (아니, 안 했어.)

바로! 확인문제 02 다음 빈칸에 알맞은 영단어를 쓰시오.

정답과 해설 33쪽

(1) _____ _____ clean?
너는 청소했니?

(2) _____ _____ dance?
그녀는 춤췄니?

(3) _____ _____ eat?
그는 먹었니?

(4) _____ _____ run?
그들은 달렸니?

(5) _____ _____ study?
Mary는 공부했니?

(6) _____ _____ jump?
너희들은 점프했니?

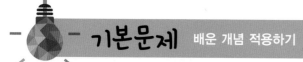
다음 우리말에 알맞게 빈칸에 영단어를 쓰고 올바른 대답을 고르시오.

(1) 너는 삼겹살을 먹니?

_____ _____ eat 삼겹살?

① Yes, I do.
② Yes, I did.

(2) 그녀는 가니?

_____ _____ go?

① No, she doesn't.
② No, she does.

(3) 그는 달리니?

_____ _____ run?

① Yes, he do.
② Yes, he does.

(4) Tom은 공부하니?

_____ _____ study?

① No, he does.
② No, he doesn't.

(5) Jane은 영어를 공부하니?

_____ _____ study English?

① No, she doesn't.
② No, she does.

(6) Kevin과 Anna는 먹니?

_____ _____ _____ eat?

① Yes, you do.
② Yes, they do.

(7) 그는 청소했니?

_____ _____ clean?

① Yes, he does.
② Yes, he did.

(8) 너희들은 점프했니?

_____ _____ jump?

① Yes, we did.
② No, we don't.

(9) 그녀는 춤췄니?

_____ _____ dance?

① Yes, she did.
② Yes, she does.

(10) 그들은 달렸니?

_____ _____ run?

① No, they didn't.
② No, they doesn't.

(11) Mary는 갔니?

_____ _____ go?

① Yes, she do.
② No, she didn't.

(12) Kevin은 영어를 공부했니?

_____ _____ study English?

① No, he doesn't.
② No, he didn't.

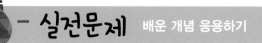

Ⓐ 다음 빈칸에 들어갈 알맞은 것을 고르시오.

(1) 일반동사의 현재 의문문은 문장 앞에 _____를 써서 만들어요.　① do　② is

(2) 주어가 3인칭 단수인 현재 의문문은 문장 앞에 _____를 써요.　① dos　② does

(3) 일반동사의 과거 의문문은 문장 앞에 _____를 써요.　① doed　② did

Ⓑ 다음 영단어를 배열하여 의문문을 만들고, 우리말 대답에 알맞은 영어 문장을 쓰시오.

(1) 너는 공부하니?

(you / study / Do)

_____

대답 : 응, 공부해.

_____

(2) 그녀는 먹니?

(Does / eat / she)

_____

대답: 응, 먹어.

_____

(3) 그는 춤추니?

(dance / Does / he)

_____

대답 : 아니, 안 춰.

_____

(4) 그들은 노래 부르니?

(sing / they / Do)

_____

대답 : 아니, 안 불러.

_____

Ⓒ 다음 중 틀린 문장을 고르시오.

① Did you go?

② Did they eat?

③ Did she ran?

④ Did he jump?

⑤ Did Tom and Kevin study?

Ⓓ 다음 일반동사가 쓰인 문장을 괄호에 제시된 의문문으로 고치시오.

(1) You ate. (과거 의문문으로)　→ _____

(2) She jumped. (과거 의문문으로)　→ _____

(3) He goes. (현재 의문문으로)　→ _____

(4) They clean. (현재 의문문으로)　→ _____

(5) Mary studies. (현재 의문문으로)　→ _____

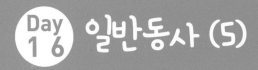
Day 16 일반동사 (5)

혼공개념 031 현재진행형

1 반복되는 일을 표현할 때 '현재형'을 쓰고, 지금 '~하고 있는 중'을 표현할 때는 '현재진행형'을 써요.

나는 삼겹살을 먹는다. (현재형)

나는 삼겹살을 먹는 중이다. (현재진행형)

2 '~하고 있는 중'을 표현하는 현재진행형은 'be동사(am, is, are) + 일반동사 + ing'로 나타내요.

현재형	현재진행형
I eat 삼겹살. (나는 삼겹살을 먹는다.)	I am eating 삼겹살. (나는 삼겹살을 먹는 중이다.)
She cleans. (그녀는 청소한다.)	She is cleaning. (그녀는 청소하는 중이다.)
They go. (그들은 간다.)	They are going. (그들은 가고 있는 중이다.)

be동사 + 일반동사 + ing 위의 예문을 통해 알 수 있듯이 현재진행형을 만들 때 주어가 1인칭이면 be동사는 am, 2인칭이거나 3인칭 복수이면 are, 3인칭 단수이면 is를 사용하고 그 다음에 오는 일반동사에는 ing를 붙여야 해요.

3 부정의 표현을 할 때 not을 쓰지요. 현재진행형을 부정하는 표현을 하려면 be동사 다음에 not을 쓰면 돼요.

I am not eating 삼겹살.
나는 삼겹살을 먹는 중이 아니다.

She is not cleaning.
그녀는 청소하는 중이 아니다.

They are not going.
그들은 가고 있는 중이 아니다.

바로! 확인문제 01 다음 빈칸에 들어갈 알맞은 것을 고르시오.   정답과 해설 34쪽

(1) I _____ 삼겹살.

나는 삼겹살을 먹고 있는 중이다.

① eat   ② am eating

(2) You _____.

너는 청소하는 중이다.

① cleaning   ② are cleaning

(3) He _____.

그는 가는 중이다.

① is going   ② are going

(4) We _____.

우리는 공부하는 중이다.

① am studying   ② are studying

(5) She _____.

그녀는 청소하는 중이 아니다.

① isn't cleaning   ② am not cleaning

(6) They _____.

그들은 먹는 중이 아니다.

① isn't eating   ② aren't eating

과거진행형

1 지나간 일을 말할 때 '과거형'을 쓰고, 과거에 '~하고 있었던 중'을 나타낼 때는 '과거진행형'을 써요.

나는 삼겹살을 먹었다. (과거형)　　　　　　　나는 삼겹살을 먹는 중이었다. (과거진행형)

2 과거에 '~하고 있었던 중'을 표현하는 과거진행형은 'be동사의 과거형(was, were) + 일반동사 + ing'로 나타내요.

과거형	과거진행형
I ate 삼겹살. (나는 삼겹살을 먹었다.)	I was eating 삼겹살. (나는 삼겹살을 먹는 중이었다.)
She cleaned. (그녀는 청소했다.)	She was cleaning. (그녀는 청소하는 중이었다.)
They studied. (그들은 공부했다.)	They were studying. (그들은 공부하고 있는 중이었다.)

3 과거진행형을 부정하는 표현을 하려면 be동사 다음에 not을 쓰면 돼요.

I was not eating 삼겹살.　　　　She was not cleaning.　　　　They were not studying.
나는 삼겹살을 먹는 중이 아니었다.　　그녀는 청소하는 중이 아니었다.　　그들은 공부하고 있는 중이 아니었다.

현재진행형 줄여서 쓰기(축약) be동사와 not을 줄여서 쓸 수 있어요.
She is not cleaning. = She isn't cleaning.
I was not eating 삼겹살. = I wasn't eating 삼겹살.
They were not studying = They weren't studying.

바로! 확인문제 02 다음 빈칸에 들어갈 알맞은 것을 고르시오.　　　　　　　정답과 해설 34쪽

(1) I _____ 삼겹살.
나는 삼겹살을 먹고 있는 중이었다.
① ate　② was eating

(2) You _____.
너는 공부하는 중이었다.
① studied　② were studying

(3) We _____.
우리는 청소하는 중이었다.
① was cleaning　② were cleaning

(4) She _____.
그녀는 가는 중이었다.
① was going　② were going

(5) It _____.
그것은 점프하는 중이 아니었다.
① wasn't jumping　② weren't jumping

(6) They _____.
그들은 먹는 중이 아니었다.
① wasn't eating　② weren't eating

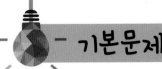

다음 우리말에 알맞게 빈칸에 영단어를 쓰시오.

(1) 나는 삼겹살을 먹고 있는 중이다.

I _____ _____ 삼겹살.

(2) 우리는 공부하는 중이 아니다.

We _____ _____.

(3) 너는 가는 중이다.

You _____ _____.

(4) 그녀는 청소하는 중이다.

She _____ _____.

(5) 그는 청소하는 중이 아니다.

He _____ _____.

(6) 나는 점프하는 중이 아니다.

I _____ _____ _____.

(7) Tom은 읽는 중이 아니다.

Tom _____ _____ _____.

(8) 우리는 마시는 중이 아니다.

We _____ _____ _____.

(9) 그는 가는 중이었다.

He _____ _____.

(10) 그들은 먹는 중이었다.

They _____ _____.

(11) 너는 공부하는 중이 아니었다.

You _____ _____.

(12) 나는 청소하는 중이 아니었다.

I _____ _____.

(13) 우리는 청소하는 중이었다.

We _____ _____.

(14) 그녀는 점프하는 중이 아니었다.

She _____ _____.

(15) 너는 읽는 중이 아니었다.

You _____ _____ _____.

(16) 우리는 마시는 중이 아니었다.

We _____ _____ _____.

Ⓐ 다음 빈칸에 들어갈 알맞은 것을 고르시오.

(1) 지금 하고 있는 중인 상태를 나타낼 때에는 _____을 써요. ① 현재형 ② 현재진행형

(2) 현재진행형은 'be동사 + 일반동사 + _____'를 써서 나타내요. ① ing ② es

(3) 과거에 하고 있었던 중인 상태를 나타낼 때에는 _____을 써요. ① 과거형 ② 과거진행형

(4) 진행형에 부정을 하려면 be동사 다음에 _____을 써요. ① not ② do not

Ⓑ 다음 우리말에 알맞게 영단어를 배열하시오.

(1) 나는 노래 부르는 중이다.

(I / singing / am)

_____

(2) 그는 읽는 중이다.

(reading / He / is)

_____

(3) 그녀는 가는 중이 아니었다.

(going / wasn't / She)

_____

(4) 그들은 공부하는 중이 아니었다.

(They / studying / weren't)

_____

Ⓒ 다음 중 틀린 문장을 고르시오.

① I wasn't eating.

② She wasn't going.

③ You wasn't cleaning.

④ We weren't studying.

⑤ They weren't jumping.

Ⓓ 다음은 현재진행형 문장이다. 과거진행형 문장이 되도록 밑줄 친 부분을 알맞게 고치시오.

(1) I <u>am</u> eating. → _____

(2) I <u>am not</u> jumping. → _____

(3) You <u>are</u> going. → _____

(4) We <u>aren't</u> dancing. → _____

(5) She <u>is</u> reading. → _____

(6) He <u>isn't</u> singing. → _____

1   다음 밑줄 친 동사의 현재형이 <u>틀린</u> 것을 고르시오.

① I <u>jump</u>.   ② You <u>eat</u>.

③ He <u>goes</u>.   ④ Kevin <u>wash</u>.

⑤ They <u>dance</u>.

2   다음 밑줄 친 동사의 현재형이 올바른 것을 고르시오.

① I <u>crys</u>.   ② We <u>runs</u>.

③ Tom <u>loves</u>.   ④ She <u>studys</u>.

⑤ They <u>cleans</u>.

3   다음 밑줄 친 동사의 과거형이 <u>틀린</u> 것을 고르시오.

① I <u>cried</u>.   ② We <u>ran</u>.

③ Tom <u>loved</u>.   ④ She <u>studyed</u>.

⑤ They <u>cleaned</u>.

4   다음 밑줄 친 동사의 과거형이 올바른 것을 <u>두 개</u> 고르시오.

① I <u>jumped</u>.   ② You <u>eated</u>.

③ He <u>went</u>.   ④ Kevin <u>washhed</u>.

⑤ They <u>danceed</u>.

| 5-6 | 다음 중 틀린 문장을 고르시오.

5   ① I don't read.   ② He doesn't sing.

③ You don't dance.   ④ She doesn't drink.

⑤ Tom and Mary doesn't eat.

6   ① Does you run?   ② Do they eat?

③ Does he dance?   ④ Do we study?

⑤ Does Jane sing?

7 다음 중 올바른 문장을 고르시오.

① You is eating.　　　　　② I am not going.

③ He not is jumping.　　　④ They not is cleaning.

⑤ Jane and Kevin is studying.

8 다음 〈보기〉에서 동사의 과거형이 <u>틀린</u> 것을 찾아 바르게 고치시오.

〈 보기 〉

put　　　stoped　　　drank　　　ate　　　went

틀린 표현　　　　　　　　바른 표현

＿＿＿＿＿　　→　　＿＿＿＿＿

9 다음 과거 부정 문장을 바르게 고쳐 쓰시오.

I didn't cleaned. → ＿＿＿＿＿＿＿＿

| 10-13 | 다음 〈보기〉의 관계처럼 빈칸에 알맞은 영단어를 쓰시오.

〈 보기 〉

Do you eat 삼겹살? → Yes, I do.

10 Do you study?　　→ No, I ＿＿＿＿＿.

11 Does she go?　　→ Yes, she ＿＿＿＿.

12 Does Tom sing? → No, he ＿＿＿＿.

13 Did they dance? → No, they ＿＿＿＿.

14 다음 〈보기〉의 우리말에 알맞게 영단어를 배열하시오.

〈 보기 〉

그들은 노래하는 중이 아니었다. (not / They / singing / were)

＿＿＿＿＿＿＿＿＿＿＿＿＿＿＿.

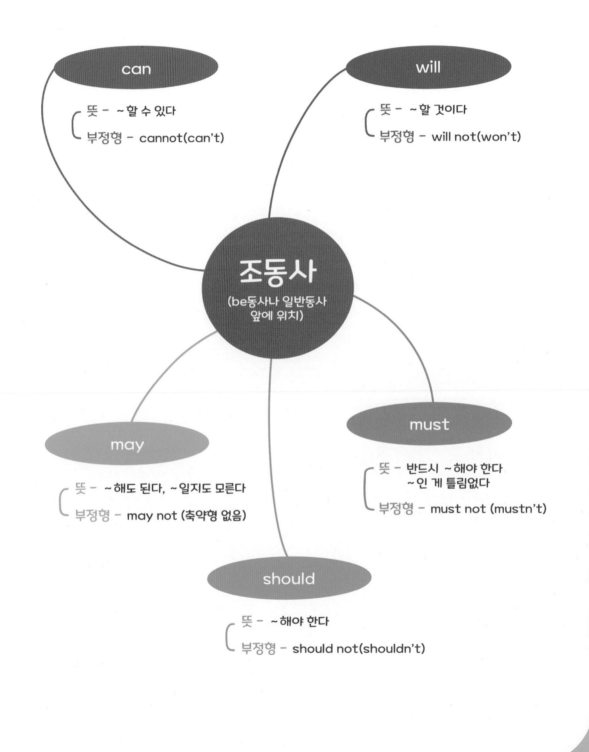

can

뜻 – ~할 수 있다
부정형 – cannot(can't)

will

뜻 – ~할 것이다
부정형 – will not(won't)

조동사
(be동사나 일반동사
앞에 위치)

may

뜻 – ~해도 된다, ~일지도 모른다
부정형 – may not (축약형 없음)

must

뜻 – 반드시 ~해야 한다
~인 게 틀림없다
부정형 – must not (mustn't)

should

뜻 – ~해야 한다
부정형 – should not(shouldn't)

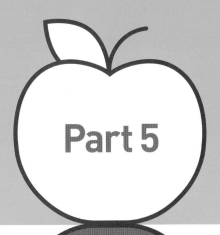

Part 5

동사 3

혼공개념 033   조동사 can

1 '조동사'는 be동사나 일반동사 앞에 쓰여 그 동사의 의미를 다양하게 해주는 역할을 해요. 조동사 can은 '~할 수 있다'라는 '가능'을 나타내요.

jump	can jump	He can jump.
점프하다	점프할 수 있다	그는 점프할 수 있다.

동사원형 조동사 다음에 오는 동사에는 (e)s, ed를 붙이거나 다른 변형을 해서는 안 돼요. 이렇게 동사의 원래 형태에서 아무런 변화가 없는 것을 '동사원형'이라고 해요. 즉, 조동사 다음에는 동사원형이 와야 해요.
• He can jump. (○)   • He can jumps. (×)   • He can jumped. (×)

2 조동사를 부정하는 표현을 하려면 조동사 다음에 not을 써요. 따라서 can을 부정하려면 can 다음에 not을 써야겠지요.

I can eat 곱창.   →   I cannot(can't) eat 곱창.
나는 곱창을 먹을 수 있다.   나는 곱창을 먹을 수 없다.

can't can의 부정의 표현인 cannot은 can't로 줄여 쓸 수 있는데 미국인들은 cannot보다는 can't을 더 자주 사용해요. 이렇게 줄여 쓰는 것을 '축약'이라고 해요. I cannot eat 곱창. = I can't eat 곱창.

3 can과 주어의 위치를 바꾸면 의문문을 만들 수 있고 대답은 Yes(응), No(아니)로 할 수 있어요.

You can eat 곱창. → Can you eat 곱창?
너는 곱창을 먹을 수 있다.   너는 곱창을 먹을 수 있니?

• 긍정 대답: Yes, I can. (응, 먹을 수 있어.)
• 부정 대답: No, I can't. (아니, 못 먹어.)

바로! 확인문제 01   다음 빈칸에 들어갈 알맞은 것을 고르시오.   정답과 해설 37쪽

(1) I _____ 곱창.
나는 곱창을 먹을 수 있다.
① eat can   ② can eat

(2) You _____.
너는 달릴 수 있다.
① run can   ② can run

(3) He _____.
그는 춤출 수 있다.
① can dances   ② can dance

(4) They _____.
그들은 노래할 수 있다.
① can sing   ② can sang

(5) _____ fix this?
너는 이것을 고칠 수 있니?
① You can   ② Can you

(6) _____ watch TV?
그는 TV를 볼 수 있니?
① Can he   ② He can

조동사 will

1 '~할 것이다', '~될 것이다'라는 의미로 '미래나 사람의 의지'를 나타낼 때는 조동사 will을 써요. will 다음에는 동사원형이 와야 해요.

be	will be	I will be a singer.
이다	~일 것이다	나는 가수일 것이다. (나는 가수가 될 것이다.)

조동사 + be be동사는 인칭에 따라 현재형은 am, is, are가 있고 과거형은 was, were가 있다는 것은 be동사 부분에서 배웠지요. 그런데 이 현재형과 과거형의 동사원형은 be이지요. 따라서 조동사 뒤에 be동사가 올 때는 인칭에 상관없이 동사원형인 be를 써야 해요.

• I will be a singer. (나는 가수가 될 것이다.)   • You will be a doctor. (너는 의사가 될 것이다.)
• She will be a teacher. (그녀는 선생님이 될 것이다.)

2 '~안 할 것이다', '~되지 않을 것이다'라는 부정의 표현은 will 다음에 not을 써서 나타내요. 축약해서 won't로 쓸 수 있어요.

I will be a singer. → I will not(won't) be a singer.
나는 가수가 될 것이다.   나는 가수가 되지 않을 것이다.

3 will과 주어의 위치를 바꾸면 의문문을 만들 수 있어요. 대답은 역시 Yes(응), No(아니)로 할 수 있어요.

You will be a teacher. → Will you be a teacher?
너는 선생님이 될 것이다.   너는 선생님이 될 거야?

• 긍정 대답: Yes, I will. (응, 될 거야.)
• 부정 대답: No, I won't. (아니, 안될 거야.)

바로! 확인문제 02 다음 빈칸에 들어갈 알맞은 것을 고르시오.   정답과 해설 37쪽

(1) I _____ a singer.
나는 가수가 될 것이다.
① will is   ② will be

(2) You _____ happy.
너는 행복해질 것이다.
① will be   ② will are

(3) They _____ a cook.
그들은 요리사가 되지 않을 것이다.
① will not be   ② will be

(4) He _____.
그는 멈추지 않을 것이다.
① won't stop   ② will stop

(5) _____ study?
너는 공부를 할 거니?
① You will   ② Will you

(6) _____ eat this?
그들은 이것을 먹을 거니?
① Will they   ② They will

다음 우리말에 알맞게 빈칸에 영단어를 쓰시오.

(1) 나는 곱창을 먹을 수 있다.

I _____ _____ 곱창.

(2) 나는 곱창을 먹을 수 없다.

I _____ _____ 곱창.

(3) 그녀는 달릴 수 있다.

She _____ _____.

(4) 그녀는 달릴 수 없다.

She _____ _____.

(5) 우리는 갈 수 있니?

_____ _____ go?

(6) 그는 춤출 수 있니?

_____ _____ dance?

(7) 그들은 멈출 수 있니?

_____ _____ stop?

(8) 너는 노래를 부를 수 있니?

_____ _____ sing?

(9) 그녀는 요리사가 될 것이다.

She _____ _____ a cook.

(10) 그녀는 요리사가 되지 않을 것이다.

She _____ _____ a cook.

(11) 우리는 공부를 할 것이다.

We _____ _____.

(12) 우리는 공부를 하지 않을 것이다.

We _____ _____.

(13) 그는 선생님이 될 거니?

_____ _____ be a teacher?

(14) 너는 멈출 거니?

_____ _____ stop?

(15) 너는 이것을 먹을 거니?

_____ _____ eat this?

(16) 너는 가수가 될 거니?

_____ _____ be a singer?

A 다음 빈칸에 들어갈 알맞은 것을 고르시오.

(1) 동사를 앞에서 도와주는 것을 _____라고 해요.　①일반동사　②조동사

(2) '~할 수 있다'라는 가능을 나타낼 때는 _____을 써요.　①can　②will

(3) '~할 것이다'라는 미래나 사람의 의지를 나타낼 때는 _____을 써요.　①can　②will

(4) 조동사 다음에 오는 동사는 형태를 바꾸지 않는 _____을(를) 써요.　①동사원형　②일반동사

B 다음 우리말에 알맞게 영단어를 배열하시오.

(1) 나는 달릴 수 있다.

(I / run / can)

_____

(2) 그는 갈 수 없다.

(go / He / cannot)

_____

(3) 그녀는 요리사가 될 것이다.

(will / be / a cook / She)

_____

(4) 나는 멈추지 않을 것이다.

(stop / won't / I)

_____

C 다음 중 틀린 문장을 고르시오.

① You can jump.

② She will be a singer.

③ I can't go.

④ He will sings.

⑤ Will we eat this?

D 다음 글을 읽고 밑줄 친 부분과 관계있는 표현을 〈보기〉에서 찾아 쓰시오.

> 오늘은 내 꿈에 대해서 생각해 보았다.
>
> (1) 나는 앞으로 커서 선생님이 될까?
>
> (2) 나는 열심히 공부할 수 있다.
>
> (3) 내가 책도 많이 읽을 수 있을까?
>
> (4) 나는 책도 많이 읽을 것이다.
>
> (5) 나는 꿈을 향해 멈추지 않을 것이다.

〈보기〉

| can study | will not | will read | Will I | Can I |

(1) _____　(2) _____　(3) _____　(4) _____　(5) _____

혼공개념 035 조동사 may

1 '~해도 된다'라는 '허락'을 나타낼 때 조동사 may를 써서 표현해요. 조동사 may 뒤에는 동사원형이 와야 해요.

퇴원해도 됩니다.

go home   may go home   You may go home.
집에 가다   집에 가도 된다   너는 집에 가도 된다.

2 '~해서는 안 된다'는 부정의 표현은 조동사 may 다음에 not을 써서 나타내요.

You may drink this. → You may not drink this.
너는 이것을 마셔도 된다.   너는 이것을 마시면 안 된다.

축약형 없는 may 지금까지 여러 축약형 표현을 공부했지요. 그런데 조동사 may의 부정 표현인 may not은 mayn't로 축약할 수 없으니 꼭 기억해두세요. • You may not drink this. (○) • You mayn't drink this. (×)

3 may와 주어의 위치를 바꾸면 의문문을 만들 수 있어요. 대답은 역시 Yes(응), No(아니)로 할 수 있어요.

I may help you. → May I help you?   • 긍정 대답: Yes, you may. (응, 도와줘도 돼.)
나는 너를 도와줘도 된다.   제가 당신을 도와줘도 되나요?   • 부정 대답: No, you may not. (아니, 안 돼.)

바로! 확인문제 01 ▶ 다음 빈칸에 들어갈 알맞은 것을 고르시오.   정답과 해설 38쪽

(1) You _____ home.

너는 집에 가도 된다.

① may go ② go may

(2) She _____ TV.

그녀는 TV를 봐도 된다.

① watch may ② may watch

(3) They _____ there.

그들은 그곳에 가면 안 된다.

① mayn't go ② may not go

(4) You _____ this book.

너는 이 책을 읽으면 안 된다.

① may not read ② may read

(5) _____ dance?

제가 춤을 춰도 되나요?

① I may ② May I

(6) _____ jump?

제가 점프해도 되나요?

① May I ② I may

1 좋거나 옳은 일이어서 '~해야 한다'라는 '충고나 조언'을 할 때 조동사 should를 써요. should 다음에는 당연히 동사원형이 와야 해요.

| see | should see | You should see the Avengers. |
| 보다 | 봐야 한다 | 너는 어벤져스를 봐야 한다. |

2 '~해서는 안 된다'라는 부정의 표현을 하려면 should 다음에 not을 쓰면 돼요. should not은 축약해서 shouldn't로 쓸 수 있어요.

You should read this. → You should not(shouldn't) read this.
너는 이것을 읽어야 한다.   너는 이것을 읽으면 안 된다.

3 should와 주어의 위치를 바꾸면 의문문을 만들 수 있어요. 대답은 Yes(응), No(아니)로 할 수 있어요.

I should study English. → Should I study English?
나는 영어를 공부해야 한다.   내가 영어를 공부해야 해?

• 긍정 대답: Yes, you should. (응, 해야 해.)
• 부정 대답: No, you shouldn't. (아니, 안 해야 해.)

바로! 확인문제 02 다음 빈칸에 들어갈 알맞은 것을 고르시오.   정답과 해설 38쪽

(1) You _____ the Avengers.
너는 어벤져스를 봐야 한다.
① should see   ② see should

(2) He _____ his hands.
그는 손을 씻어야 한다.
① should wash   ② should washes

(3) She _____ this.
그녀는 이것을 먹으면 안 된다.
① should not eat   ② should eat

(4) You _____ .
너는 달리면 안 된다.
① should run   ② shouldn't run

(5) _____ fix this?
내가 이것을 고쳐야 하니?
① I should   ② Should I

(6) _____ stop?
내가 멈춰야 하니?
① Should I   ② I should

다음 우리말에 알맞게 빈칸에 영단어를 쓰시오.

(1) 너는 집에 가도 된다.

You _____ _____ home.

(2) 너는 집에 가면 안 된다.

You _____ _____ _____ home.

(3) 우리는 춤을 춰도 된다.

We _____ _____.

(4) 우리는 춤을 추면 안 된다.

We _____ _____ _____.

(5) 제가 노래해도 되나요?

_____ _____ sing?

(6) 제가 TV를 봐도 되나요?

_____ _____ watch TV?

(7) 제가 당신을 도와줘도 되나요?

_____ _____ help you?

(8) 제가 공부해도 되나요?

_____ _____ study?

(9) 그녀는 이것을 먹어야 한다.

She _____ _____ this.

(10) 그녀는 이것을 먹지 말아야 한다.

She _____ _____ _____ this.

(11) 그들은 공부해야 한다.

They _____ _____.

(12) 그들은 공부하지 말아야 한다.

They _____ _____.

(13) 내가 이것을 읽어야 하니?

_____ _____ read this?

(14) 내가 뛰어야 하니?

_____ _____ jump?

(15) 내가 이것을 먹어야 하니?

_____ _____ eat this?

(16) 내가 멈춰야 하니?

_____ _____ stop?

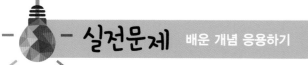

A 다음 빈칸에 들어갈 알맞은 것을 고르시오.

(1) '~해도 된다'라는 허락을 나타낼 때는 _____를 써요.　　① may　　② should

(2) may를 부정하려면 _____를 써요.　　① may not　　② mayn't

(3) '~해야 한다'라는 충고를 나타낼 때는 _____를 써요.　　① may　　② should

(4) should와 _____의 위치를 바꾸면 의문문을 만들 수 있어요.　　① 주어　　② 동사

B 다음 우리말에 알맞게 영단어를 배열하시오.

(1) 우리는 달려도 된다.

(run / may / We)

_____

(2) 제가 이것을 읽어도 되나요?

(I / read / this / May)

_____

(3) 그는 공부해야 한다.

(should / study / He)

_____

(4) 그들은 가지 말아야 한다.

(They / go / should / not)

_____

C 다음 중 <u>틀린</u> 문장을 고르시오.

① They may jump.　　② He should stop.

③ You mayn't watch TV.　　④ We shouldn't eat this.

⑤ She may not go home.

D 다음 글을 읽고 밑줄 친 부분과 관계있는 표현을 〈보기〉에서 찾아 쓰시오.

교실에서 있을 때 지켜야 할 일을 알아보자.

(1) 당연히 책은 <u>읽어도 된다</u>.

(2) 하지만 음식을 <u>먹지 말아야 한다</u>.

(3) 화장실에 가고 싶을 때는 손을 들고 "<u>제가</u> 화장실에 가도 <u>되나요?</u>"라고 물어봐야 한다.

(4) 하지만 <u>달려가지 말아야 한다</u>.

(5) 마지막으로, 열심히 <u>공부해야 한다</u>.

〈 보기 〉

shouldn't run　　should study　　may read　　shouldn't eat　　May I

(1) _____　(2) _____　(3) _____　(4) _____　(5) _____

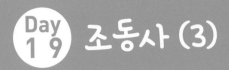
Day 19 조동사 (3)

혼공개념 037 조동사 must

1 '반드시 ~해야 한다'라는 '강한 의무'를 나타낼 때 조동사 must를 사용해서 표현해요.

stop	must stop	You must stop here.
멈추다	반드시 멈춰야 한다	당신은 여기에서 반드시 멈춰야 한다.

should와 must의 차이 조동사 should와 must는 모두 '~해야 한다'라는 뜻을 지니고 있지만, should는 상대방에게 '가벼운 충고'를 할 때 사용하고 must는 '강한 의무'를 나타낼 때 사용해요.
You should stop here. (가벼운 충고) < You must stop here. (강한 의무)

2 '절대 ~해서는 안 된다'라는 부정의 표현을 하려면 must 다음에 not을 쓰면 돼요. must not은 축약해서 mustn't로 쓸 수 있어요.

You must drink this.   → You must not(mustn't) drink this.
너는 이것을 반드시 마셔야 한다.   너는 이것을 절대 마시면 안 된다.

3 must와 주어의 위치를 바꾸면 의문문을 만들 수 있어요. 대답은 역시 Yes(응), No(아니)로 할 수 있어요.

He must wear gloves. → Must he wear gloves? • 긍정 대답: Yes, he must. (응, 반드시 그래야만 해.)
그는 장갑을 반드시 껴야 한다.   그는 반드시 장갑을 껴야 하니?   • 부정 대답: No, he mustn't. (아니, 절대 그러면 안 돼.)

바로! 확인문제 01 다음 빈칸에 들어갈 알맞은 것을 고르시오.

정답과 해설 40쪽

(1) We _____.
우리는 반드시 공부해야 한다.
① must study   ② study must

(2) They _____.
그들은 반드시 춤춰야 한다.
① must dance   ② dance must

(3) I _____ there.
나는 그곳에 절대 가서는 안 된다.
① must not go   ② must go not

(4) She _____ this.
그녀는 이것을 절대 먹어서는 안 된다.
① must eat   ② mustn't eat

(5) _____ run?
내가 반드시 달려야 하니?
① Must I   ② I must

(6) _____ fix this?
그가 반드시 이것을 고쳐야 하니?
① He must   ② Must he

1 혼공개념 035 에서 '~해도 된다'라는 의미로 공부했던 may는 '~일지도 모른다'라는 '약한 추측'의 뜻으로도 쓰여요.

She may be a singer.
그녀는 가수일지도 모른다.

He may be hungry.
그는 배고플지도 모른다.

2 혼공개념 037 에서 '반드시 ~해야 한다'라는 의미로 공부했던 must는 '~인 게 틀림없다'라는 '강한 추측'의 뜻으로도 쓰여요.

He must be a doctor.
그는 의사인 게 틀림없다.

She must be hungry.
그녀는 배가 고픈 게 틀림없다.

3 may와 must의 두 가지 의미를 다시 한 번 정리했어요. 각각의 정확한 의미를 상황에 따라 잘 판단해서 이해하는 것이 중요해요.

may	You may read my book. (허락) 너는 내 책을 읽어도 된다.	You may be angry. (약한 추측) 너는 화가 난 걸지도 모른다.
must	You must come home. (강한 의무) 너는 반드시 집에 와야 한다.	You must be a teacher. (강한 추측) 당신은 선생님인 게 틀림없다.

바로! 확인문제 02 **다음 밑줄 친 조동사의 의미로 알맞은 것을 고르시오.**   정답과 해설 40쪽

(1) She <u>may</u> be a singer.
① ~해도 된다   ② ~일지도 모른다

(2) He <u>may</u> watch TV.
① ~해도 된다   ② ~일지도 모른다

(3) We <u>may</u> jump.
① ~해도 된다   ② ~일지도 모른다

(4) They <u>must</u> stop.
① ~해야 한다   ② ~인 게 틀림없다

(5) I <u>must</u> go home.
① ~해야 한다   ② ~인 게 틀림없다

(6) She <u>must</u> be a cook.
① ~해야 한다   ② ~인 게 틀림없다

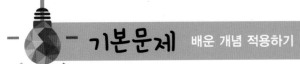
다음 우리말에 알맞게 빈칸에 영단어를 쓰시오.

(1) 당신은 여기에서 반드시 멈춰야 한다.
You _____ _____ here.

(2) 우리는 반드시 공부해야 한다.
We _____ _____.

(3) 그녀는 반드시 이 책을 읽어야 한다.
She _____ _____ this book.

(4) 나는 반드시 달려야 한다.
I _____ _____.

(5) 나는 그곳에 절대 가서는 안 된다.
I _____ _____ _____ there.

(6) 그는 이것을 절대 먹어서는 안 된다.
He _____ _____ _____ this.

(7) 내가 반드시 노래를 불러야 하니?
_____ _____ sing?

(8) 그가 반드시 이것을 고쳐야 하니?
_____ _____ fix this?

(9) 그녀는 가수일지도 모른다.
She _____ _____ a singer.

(10) 그는 TV를 봐도 된다.
He _____ _____ TV.

(11) 그들은 반드시 멈춰야 한다.
They _____ _____.

(12) 너는 목이 마른 게 틀림없다.
You _____ _____ thirsty.

(13) 너는 행복한 걸지도 모른다.
You _____ _____ happy.

(14) 나는 반드시 집에 가야 한다.
I _____ _____ home.

(15) 너는 그녀의 책을 읽어도 된다.
You _____ _____ her book.

(16) 우리는 반드시 점프해야 한다.
We _____ _____.

A 다음 빈칸에 들어갈 알맞은 것을 고르시오.

(1) '반드시 ~해야 한다'라는 뜻을 나타낼 때는 _____를 써요.　　① may　　② must

(2) '절대 ~해서는 안 된다'라는 뜻을 나타낼 때는 _____를 써요.　　① must not　　② not must

(3) '~일지도 모른다'라는 약한 추측을 나타낼 때는 _____를 써요.　　① may　　② must

(4) '~인 게 틀림없다'라는 강한 추측을 나타낼 때는 _____를 써요.　　① may　　② must

B 다음 밑줄 친 우리말에 알맞은 것을 고르시오.

(1) 나는 이것을 먹어도 된다.　　　　　　　　　　① may　　② must

(2) 너는 반드시 집에 가야 한다.　　　　　　　　① may　　② must

(3) 그는 요리사일지도 모른다.　　　　　　　　　① may　　② must

(4) 그들은 배고픈 게 틀림없다.　　　　　　　　　① may　　② must

C 다음 중 틀린 문장을 고르시오.

① They must stop here.　　　　　② She must be a teacher.

③ You may be thirsty.　　　　　　④ We must not read this.

⑤ He must studies.

D 다음 글을 읽고 밑줄 친 부분과 관계있는 표현을 〈보기〉에서 찾아 쓰시오.

오늘은 학교에서 샌드위치를 만드는 날!

(1) 수업을 도와주실 남자분이 오셨는데, 하얀 모자를 쓰고, 앞치마를 두른 것을 보니 요리사일
   지도 모르겠다.

(2) 선생님께서 칼은 반드시 조심스럽게 써야 한다고 하셨다.

(3) 그리고 허락을 받으면 화장실에 가도 된다고 하셨다.

(4) 샌드위치를 만드는 동안 내 짝이 계속 재료를 먹는 것을 보니 배가 고픈 것이 틀림없다는 생
   각이 들었다.

(5) 하지만 재료를 절대로 먹어서는 안 된다고 생각했다.

결국 샌드위치를 만들었고 친구들과 같이 먹으니 꿀맛이었다.

〈보기〉

must be　　　must not　　　may go　　　may be　　　must

(1) _____　(2) _____　(3) _____　(4) _____　(5) _____

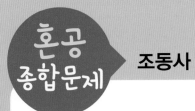

조동사

1 다음 중 조동사가 <u>아닌</u> 것을 고르시오.

① can   ② may   ③ should

④ will   ⑤ is

| 2-3 | 다음 〈보기〉의 우리말에 알맞게 빈칸에 들어갈 것을 고르시오.

2
> 〈 보기 〉
>
> 너는 이것을 읽어야 한다.   You _____ read this.

① can   ② may   ③ should

④ will   ⑤ be

3
> 〈 보기 〉
>
> 나는 이것을 읽을 것이다.   I _____ read this.

① can   ② may   ③ should

④ will   ⑤ be

| 4-5 | 다음 밑줄 친 부분이 <u>틀린</u> 것을 고르시오.

4 ① She can <u>jumps</u>.   ② I can <u>run</u>.

③ She can <u>read</u> books.   ④ They can <u>sing</u>.

⑤ He can <u>fix</u> this.

5 ① You <u>may go</u> home.   ② We <u>should wash</u> our hands.

③ He <u>mayn't</u> sing.   ④ I <u>must not</u> read this book.

⑤ They <u>shouldn't</u> eat this.

6 다음 중 올바른 문장을 고르시오.

① I run must?   ② Will you are a teacher?

③ He can dances.   ④ Can we watch TV?

⑤ She should stops.

| 7-8 | 다음 〈보기〉의 우리말에 알맞게 영단어를 배열하시오.

7
〈 보기 〉
그는 TV를 볼 것이다.   (will / watch / TV / He)

_____ .

8
〈 보기 〉
너는 이것을 읽을 수 없다.   (this / not / can / read / You)

_____ .

| 9-10 | 다음 〈보기〉의 관계처럼 빈칸에 알맞은 영단어를 쓰시오.

〈 보기 〉
can – can't   must not – mustn't

9   should – _____

10   will – _____

| 11-14 | 다음 우리말에 어울리는 영단어를 〈보기〉에서 찾아 빈칸에 쓰시오.

〈 보기 〉
may   must

11   그녀는 가수일지도 모른다.

She _____ be a singer.

12   그는 화난 게 틀림없다.

He _____ be angry.

13   그들은 반드시 그곳에 가야 한다.

They _____ go there.

14   너는 내 책을 읽어도 된다.

You _____ read my book.

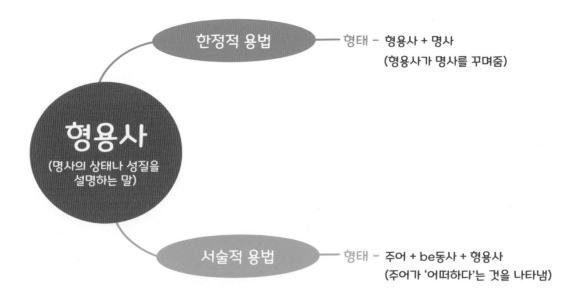

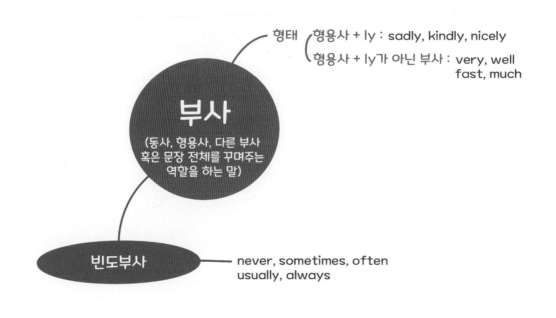

Part 6

형용사
부사

Day 20 형용사 (1)

혼공개념 039   한정적 용법 ①

1 '형용사'는 명사를 꾸며주는 말로 명사의 성질이나 상태 등을 설명하는 역할을 해요. 특히 형용사가 명사 앞에서 명사를 꾸며주면 이것을 '한정적 용법'이라고 해요.

a man (남자)　　a tall man (키 큰 남자)　　　a rabbit (토끼)　　a big rabbit (큰 토끼)
　　　　　　　　　형용사 명사 (한정적 용법)　　　　　　　　　　　　형용사 명사 (한정적 용법)

2 셀 수 있는 명사의 단수를 나타낼 때 명사의 발음이 자음으로 시작하면 a를, 모음으로 시작하면 an을 쓴다고 배웠죠. 그런데 명사를 꾸며주는 형용사가 오면 형용사의 발음이 자음으로 시작하면 a를, 모음으로 시작하면 an을 써야 해요.

an orange　　　a big orange　　　　　　a building　　　an old building
　모음　　　　　　자음　　　　　　　　　　자음　　　　　　모음

3 형용사는 명사를 꾸며주면서 명사의 모양, 색깔, 성질, 크기, 개수 등을 자세히 설명하는 역할을 해요.

모양	색깔	성질	크기	개수
a round table 둥근 탁자	a black table 검은 탁자	a new table 새 탁자	a big table 큰 탁자	two tables 두 개의 탁자

혼공쌤 꿀~팁 　**'탁자 두 개'를 표현하는 법** 개수를 나타내는 형용사 뒤에 셀 수 있는 명사의 복수형을 쓸 때는 명사 뒤에 s를 붙이고 앞에 a, an을 쓰지 않아요. • two tables (○) • a two tables (×) • two table (×)

바로! 확인문제 이　다음 빈칸에 들어갈 알맞은 것을 고르시오.

정답과 해설 41쪽

(1) _____ man
키가 큰 남자
① a tall　② an tall

(2) _____ rabbit
큰 토끼
① a big　② a black

(3) _____ building
건물 하나
① a　② an

(4) _____ building
오래된 건물
① a old　② an old

(5) three _____
오렌지 세 개
① orange　② oranges

(6) _____ orange
큰 오렌지 하나
① a two　② a big

1 '형용사 + 명사' 앞에 '주어 + 동사'를 쓰면 주어를 설명하는 간단한 문장이 만들어져요.

a tall man	→	He is a tall man. (그는 키 큰 남자이다.)
키 큰 남자		주어 동사
a good friend	→	Tom is a good friend. (Tom은 좋은 친구이다.)
좋은 친구		주어 동사
a big orange	→	It is a big orange. (그것은 큰 오렌지이다.)
큰 오렌지		주어 동사
an old building	→	That is an old building. (저것은 오래된 건물이다.)
오래된 건물		주어 동사

한정적 용법의 의미 '한정'이라는 것은 범위를 좁혀주는 것을 의미해요. 형용사를 쓰면 안 쓸 때보다 사람이나 사물을 더 찾기 쉽기 때문에 '한정적 용법'이라고 해요. 아래 그림을 보면 이해할 수 있지요.

 a man

 a tall man

2 '형용사 + 명사' 앞에 '복수 주어(these, those, we, they, you) + be동사(are, were)'를 쓰면 여러 명(개)을 설명하는 문장이 만들어져요.

big rabbits	→	These are big rabbits. (이것들은 큰 토끼들이다.)
큰 토끼들		복수 주어 동사
small apples	→	Those are small apples. (저것들은 작은 사과들이다.)
작은 사과들		복수 주어 동사

소유격 + 형용사 + 명사 형용사의 한정적 용법인 '형용사 + 명사' 앞에 소유격을 써서 누구의 것인지를 나타낼 수 있어요. 이 표현은 누구의 것인지 정해져 있기 때문에 막연하게 하나를 의미하는 a나 an을 소유격 앞에 쓸 수 없어요.
• This is my new table. (O)   • This is a my new table. (×)

 바로! 확인문제 02 다음 빈칸에 들어갈 알맞은 것을 고르시오.

정답과 해설 41쪽

(1) He _____ man.
그는 키 큰 남자이다.
① is a tall   ② are a tall

(2) These _____ rabbits.
이것들은 큰 토끼들이다.
① is big   ② are big

(3) That _____ building.
저것은 오래된 건물이다.
① is a old   ② is an old

(4) Tom and Suzy _____ friends.
Tom과 Suzy는 좋은 친구들이다.
① is a good   ② are good

(5) Those _____ apples.
저것들은 작은 사과들이다.
① are small   ② are a small

(6) It _____ orange.
그것은 큰 오렌지이다.
① is a big   ② is an big

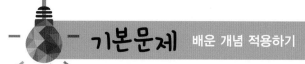
다음 우리말에 알맞게 빈칸에 들어갈 영단어를 쓰시오.

(1) 그는 키 큰 남자이다.

He _____ _____ _____ .

(2) 이것들은 큰 토끼들이다.

These _____ _____ _____ .

(3) 그들은 좋은 친구들이다.

They _____ _____ _____ .

(4) 그것은 오래된 건물이다.

It _____ _____ _____ _____ .

(5) 이것은 검은 탁자이다.

This _____ _____ _____ _____ .

(6) 저것들은 세 개의 오렌지이다.

Those _____ _____ _____ .

(7) 저것들은 새로운 건물들이다.

Those _____ _____ .

(8) 저것은 작은 사과이다.

That _____ _____ _____ _____ .

(9) 그는 젊은 남자이다.

He _____ _____ _____ _____ .

(10) 이것들은 두 개의 탁자이다.

These _____ _____ _____ .

(11) Suzy는 나의 좋은 친구이다

Suzy _____ _____ _____ _____ .

(12) 이것은 나의 새로운 토끼이다.

This _____ _____ _____ _____ .

(13) 저것은 큰 사과이다.

That _____ _____ _____ _____ .

(14) 이것은 나의 둥근 탁자이다.

This _____ _____ _____ _____ .

(15) 그는 나의 새로운 친구이다.

He _____ _____ _____ _____ .

(16) 이것들은 큰 토마토들이다.

These _____ _____ _____ .

A 다음 빈칸에 들어갈 알맞은 것을 고르시오.

(1) 명사의 모양, 색깔, 크기 등을 설명하는 것을 _____라고 해요.　　① 동사　　② 형용사

(2) 명사 앞에 형용사가 쓰여 명사의 범위를 좁혀주는 것을 '_____ 용법'이라고 해요.

① 한정적　　② 확장적

(3) 단수 명사 앞에 형용사가 올 때 _____의 첫 발음에 따라 a나 an을 써요.

① 명사　　② 형용사

(4) 형용사 앞에 소유격을 써서 누구의 것인지 나타낼 때에는 소유격 앞에 a나 an을 _____.

① 써요　　② 쓰지 않아요

B 다음 우리말을 올바르게 표현한 것을 고르시오.

(1) 새로운 탁자들　　　　　　① new table　　② new tables

(2) 두 마리의 토끼들　　　　　① a two rabbit　② two rabbits

(3) 큰 오렌지 하나　　　　　　① a big orange　② an big orange

(4) 나의 새로운 친구　　　　　① a my new friend　② my new friend

C 다음 중 틀린 문장을 고르시오.

① He is a tall man.　　　　　　② It is a small orange.

③ Kevin is a good friend.　　　　④ These are old tables.

⑤ Those are a new apples.

D 다음 글을 읽고 밑줄 친 부분과 관계있는 형용사를 〈보기〉에서 찾아 쓰시오.

오늘은 필기도구를 사러 문구점에 갔다.

우리 동네의 문구점은 (1) 오래된 문구점이지만 다양한 물건들이 있어서 좋다.

먼저 새 필통을 골랐다. 귀여운 캐릭터가 그려진 (2) 둥근 필통이었다.

그리고 연필도 샀다. 연필은 많이 쓰니까 (3) 두 개의 연필을 골랐다.

계산을 하고 문구점을 나가는데 (4) 큰 초콜릿이 보였다.

(5) 어린 동생에게 사주었더니 정말 좋아했다.

〈 보기 〉

old	round	big	two	young

(1) _____　　(2) _____　　(3) _____　　(4) _____　　(5) _____

혼공개념 041 **서술적 용법 ❶**

1 be동사 뒤에 형용사가 와서 '~하다'라는 의미로 쓰이는 것을 형용사의 '서술적 용법'이라고 해요.

tall	big	old	young
키가 큰	큰	늙은(오래된)	젊은(어린)
↓	↓	↓	↓
be tall	be big	be old	be young
키가 크다	크다	늙었다(오래되다)	젊다(어리다)

2 주어 다음에 서술적 용법인 'be동사 + 형용사'를 쓰면 주어가 '어떠하다'라는 것을 나타내요.

be tall	be big	be old	be young
키가 크다	크다	늙었다(오래되다)	젊다(어리다)
↓	↓	↓	↓
He is tall.	It is big.	She is old.	You are young.
그는 키가 크다.	그것은 크다.	그녀는 늙었다.	너는 젊다(어리다).

3 지금까지 공부한 형용사의 한정적 용법과 서술적 용법의 차이를 간단하게 정리했어요.

한정적 용법 (형용사가 명사 앞에 와요.)	서술적 용법 (형용사가 be동사 뒤에 와요.)
You are a young man. 당신은 젊은 남자이다.	You are young. 당신은 젊다.

바로! 확인문제 01 **다음 빈칸에 들어갈 알맞은 것을 고르시오.**

정답과 해설 43쪽

(1) You _____.

너는 젊다(어리다).

① are young   ② young are

(2) He _____.

그는 늙었다.

① is old   ② old is

(3) She _____.

그녀는 키가 크다.

① is tall   ② are tall

(4) They _____.

그들은 크다.

① is big   ② are big

(5) It _____.

그것은 작다.

① is small   ② a small

(6) Tom _____.

Tom은 무겁다.

① heavy man   ② is heavy

1 복수 주어 다음에 서술적 용법인 'be동사(are, were) + 형용사'를 쓰면 복수 주어가 '어떠하다'라는 것을 나타내요.

We are young.	They are pretty.	You are strong.
우리들은 젊다.	그들은 예쁘다.	너희들은 힘이 세다.
We were young.	They were pretty.	You were strong.
우리들은 젊었다.	그들은 예뻤다.	너희들은 힘이 셌다.

2 주어 다음에 조동사(will, should, may, must)'를 쓰고 이어서 서술적 용법인 'be + 형용사'를 쓸 수 있어요.

They are old.   You are smart.
그들은 늙었다.   너희들은 똑똑하다.

↓   ↓

They will be old.   You will be smart.
그들은 늙을 것이다.   너희들은 똑똑해질 것이다.

조동사 + be + 형용사 조동사 다음에 동사가 올 때는 아무런 변화가 없는 즉, 동사원형이 온다고 공부했죠. be동사인 am, are, is의 동사원형은 be이므로 조동사 다음에는 be를 써야 해요.

3 be동사 이외에 become(~해지다), look(~처럼 보이다), seem(~인 것 같다), sound(~처럼 들리다) 같은 동사 다음에 형용사가 와서 서술적 용법으로 쓰이기도 해요.

He becomes tired.   You look nice.
그는 피곤해진다.   너는 멋져 보인다.

My grandpa seems tired.   It sounds good.
내 할아버지는 피곤한 것 같다. 그것은 좋은 것처럼 들린다.

 바로! 확인문제 02 **다음 빈칸에 들어갈 알맞은 것을 고르시오.**   정답과 해설 43쪽

(1) We _____ .

우리들은 젊었다.

① are young ② were young

(2) She _____ .

그녀는 키가 컸다.

① was tall ② is tall

(3) You _____ .

너희들은 힘이 셌다.

① was strong ② were strong

(4) We _____ .

우리들은 똑똑해질 것이다.

① will is smart ② will be smart

(5) You _____ .

너는 멋져 보인다.

① look nice ② looks nice

(6) It _____ .

그것은 클지도 모른다.

① may big ② may be big

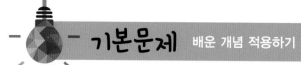
다음 우리말에 알맞게 빈칸에 영단어를 쓰시오.

(1) 너는 젊다(어리다).

You _____ _____.

(2) 이것은 검은색이다.

It _____ _____.

(3) 우리들은 똑똑하다.

We _____ _____.

(4) 그는 키가 컸다.

He _____ _____.

(5) 내 할아버지는 힘이 셌다.

My grandpa _____ _____.

(6) 너희들은 예뻤다.

You _____ _____.

(7) 그들은 키가 클지도 모른다.

They _____ _____ _____.

(8) 그는 똑똑해질 것이다.

He _____ _____ _____.

(9) 그녀는 키가 커질 것이다.

She _____ _____ _____.

(10) 내 할아버지는 멋져 보인다.

My grandpa _____ _____.

(11) 너는 피곤한 것 같다.

You _____ _____.

(12) 그것은 좋은 것처럼 들린다.

It _____ _____.

(13) 우리들은 젊었다.

We _____ _____.

(14) 그들은 늙을 것이다.

They _____ _____ _____.

(15) 그녀는 피곤한 것 같다.

She _____ _____.

(16) 그것은 클지도 모른다.

It _____ _____ _____.

A 다음 빈칸에 들어갈 알맞은 것을 고르시오.

(1) be동사 뒤에 형용사가 오는 경우를 _____ 용법이라고 해요.　　　① 한정적　　② 서술적

(2) 주어가 '어떠하다'라는 의미의 문장은 '주어 + _____ 동사 + 형용사'로 표현해요.

① be　　　② do

(3) 주어 다음에 조동사가 오고 형용사의 서술적 용법을 쓸 때 be동사는 동사원형인 _____ 를 써요.

① be　　　② is

B 다음 우리말에 알맞은 영어 문장을 고르시오.

(1) Tom은 힘이 세다.　　　　　① Tom is strong.　　② Tom is a strong friend.

(2) 너는 젊은 남자이다.　　　　① You are young.　　② You are a young man.

(3) 우리는 예뻤다.　　　　　　① We are pretty.　　② We were pretty.

(4) 너는 똑똑했다.　　　　　　① You was smart.　　② You were smart.

C 다음 중 틀린 문장을 고르시오.

① It sounds good.　　　　　　② We look nice.

③ You looks tired.　　　　　　④ They seem happy.

⑤ My mom seems tired.

D 다음 형용사의 한정적 용법 문장을 우리말에 알맞게 서술적 용법 문장으로 바꾸어 쓰시오.

(1) He is a tall man.　　　　→　He _____ _____.

그는 키가 큰 남자이다.　　　　그는 키가 크다.

(2) It is my pretty table.　　→　My table _____ _____.

그것은 나의 예쁜 탁자이다.　　내 탁자는 예쁘다.

(3) She is a smart friend.　　→　She _____ _____ _____.

그녀는 똑똑한 친구이다.　　　그녀는 똑똑해질 것이다.

(4) These are big rabbits.　　→　Rabbits _____ _____ _____.

이것들은 큰 토끼들이다.　　　토끼들은 커질 것이다.

(5) They are young students.　→　They _____ _____ _____.

그들은 젊은 학생들이다.　　　그들은 젊을지도 모른다.

혼공개념 043 부사의 역할 ❶

1 '부사'는 우리말로는 '~하게, ~이, ~히' 등으로 해석되는데 주로 형용사의 철자에 ly를 붙이면 부사가 되지요.

형용사	sad (슬픈)	kind (친절한)	nice (멋진)	beautiful (아름다운)
부사	sadly (슬프게)	kindly (친절하게)	nicely (멋지게)	beautifully (아름답게)

2 형용사 중에서 철자가 y로 끝나는 경우에는 y를 i로 바꾸고 ly를 붙여서 부사를 만들어요.

형용사	happy (행복한)	lucky (운이 좋은)	easy (쉬운)	angry (화난)
부사	happily (행복하게)	luckily (운이 좋게)	easily (쉽게)	angrily (화를 내며)

3 부사는 문장에서 동사, 형용사, 다른 부사를 꾸며서 문장의 뜻을 더욱 풍부하게 만드는 역할을 해요. 먼저, 부사가 동사를 꾸미는 예문을 살펴보기로 해요.

She sings a song.
그녀는 노래를 부른다.

She sings a song happily.
그녀는 행복하게 노래를 부른다.

Tom danced.
Tom은 춤췄다.

Tom danced nicely.
Tom은 멋지게 춤췄다.

바로! 확인문제 이 다음 우리말에 알맞은 영단어를 고르시오.   정답과 해설 44쪽

(1) 친절하게
　① kind　② kindly

(2) 아름답게
　① beautifully　② beautiful

(3) 멋지게
　① nice　② nicely

(4) 슬프게
　① sad　② sadly

(5) 쉽게
　① easily　② easy

(6) 화를 내며
　① angrily　② angry

1 형용사의 철자 끝에 ly를 붙이지 않는 부사도 있는데, 이런 것에는 very(아주), well(잘), fast(빨리), much(많이) 등이 있어요.

He runs fast.
그는 빨리 달린다.

She should mix it well.
그녀는 그것을 잘 섞어야 한다.

2 혼공개념 **043** 의 ❸에서 언급했듯이 부사는 문장에서 동사, 형용사, 다른 부사를 꾸며서 문장의 의미를 풍부하게 해요. 이에 해당하는 예문을 살펴보기로 해요.

- 부사가 쓰이지 않은 문장

  Hyunseo speaks English.
  현서는 영어를 말한다.

- 부사가 동사를 꾸민 문장

  Hyunseo speaks English well.
  현서는 영어를 잘 말한다.

- 부사가 형용사를 꾸민 문장

  Hyunseo is very pretty.
  현서는 매우 예쁘다.

- 부사가 다른 부사를 꾸민 문장

  Hyunseo speaks English very well.
  현서는 영어를 아주 잘 말한다.

Thank you very much. 일상생활에서 감사함을 표현할 때 잘 쓰는 표현이지요. 이 간단한 문장에도 두 개의 부사가 쓰였네요. 부사 very는 부사 much를 꾸며주고 부사 much는 동사 thank를 꾸며주고 있어요.

3 부사는 문장 전체를 꾸며주는 역할도 해요.

Luckily, my dad fixed the computer.
운이 좋게도, 나의 아빠가 그 컴퓨터를 고쳤다.

다음 밑줄 친 부사가 꾸며주는 것을 고르시오.

정답과 해설 44쪽

(1) She sings a song happily.
그녀는 행복하게 노래를 부른다.
① sings ② song

(2) Tom danced nicely.
Tom은 멋지게 춤췄다.
① danced ② Tom

(3) He cried sadly.
그는 슬프게 울었다.
① He ② cried

(4) I jumped easily.
나는 쉽게 점프했다.
① I ② jumped

(5) The teacher teaches kindly.
그 선생님은 친절하게 가르친다.
① teacher ② teaches

(6) She runs fast.
그녀는 빠르게 달린다.
① runs ② She

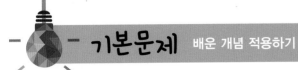

다음 우리말에 알맞게 빈칸에 영단어를 쓰시오.

(1) 그녀는 행복하게 노래를 부른다.

She _____ a song _____.

(2) 나는 아름답게 춤춘다.

I _____ _____.

(3) 그는 쉽게 당근을 잘랐다.

He _____ a carrot _____.

(4) 그 차는 운이 좋게 멈췄다.

The car _____ _____.

(5) 그녀는 화를 내며 집에 갔다.

She _____ home _____.

(6) 그는 그의 손을 잘 씻었다.

He _____ his hands _____.

(7) 나의 엄마는 나를 친절하게 가르친다.

My mom _____ me _____.

(8) 대단히 감사합니다.

Thank you _____ _____.

(9) Tom은 빠르게 달린다.

Tom _____ _____.

(10) Tom은 매우 빠르게 달린다.

Tom _____ _____ _____.

(11) 그녀는 책들을 빠르게 읽는다.

She _____ books _____.

(12) 그녀는 책들을 매우 빠르게 읽는다.

She _____ books _____ _____.

(13) 너는 슬프게 울었다.

You cried _____.

(14) 너는 그것을 잘 섞는다.

You _____ it_____.

(15) 그녀는 영어를 매우 잘 말한다.

She speaks English _____ _____.

(16) 운이 좋게도, 나는 그것을 고쳤다.

_____, I _____ it.

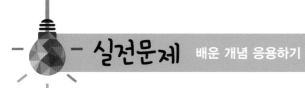

A 다음 빈칸에 들어갈 알맞은 것을 고르시오.

(1) _____는 문장에서 동사를 꾸며주는 역할을 해요.　　① 형용사　② 부사

(2) 부사는 주로 _____에 ly를 붙여 만들 수 있어요.　　① 동사　② 형용사

(3) y로 끝나는 형용사는 y를 _____로 바꾸고 ly를 붙여서 부사로 만들어요.　① e　② i

(4) _____는 ly를 붙이지 않고도 부사로 쓸 수 있어요.　① very　② easy

B 다음 밑줄 친 우리말에 해당하는 영단어를 고르시오.

(1) 나는 길을 잃은 사람을 친절하게 도와줬다.　① kind　② kindly

(2) 그녀는 이 문제를 쉽게 해결했다.　① easily　② easy

(3) 그는 화를 내며 방문을 닫았다.　① angrily　② angry

(4) 우리는 공연을 잘 마쳤다.　① much　② well

C 다음 중 철자가 틀린 것을 고르시오.

① happily　　　　② kindly　　　　③ niceily

④ sadly　　　　⑤ beautifully

D 다음 글을 읽고 밑줄 친 우리말에 해당하는 영단어를 〈보기〉에서 찾아 쓰시오.

오늘은 떨리는 학예회 날이었다.

시작 무대로 Tom이 (1) 멋지게 춤을 췄다.

Jenny는 연극을 했는데 (2) 슬프게 우는 연기를 해서 박수를 받았다.

다른 친구들은 (3) 아름답게 노래를 불렀다.

선생님들도 공연을 하시면서 사탕을 나눠주셨는데 (4) 운이 좋게도 나도 받았다.

학예회가 (5) 행복하게 끝나서 기분이 좋았다.

내년 학예회가 벌써 기대된다.

〈 보기 〉

beautifully　　happily　　nicely　　luckily　　sadly

(1) _____　(2) _____　(3) _____　(4) _____　(5) _____

혼공개념 045   철자가 형용사와 똑같은 부사

1 부사 중에는 형용사와 철자가 똑같은 경우가 있어요. 이런 단어들은 형용사로 쓰일 때와 부사로 쓰일 때의 뜻을 잘 알아두어야 해요.

형용사	hard (어려운)	early (이른)	high (높은)	long (긴)	fast (빠른)
부사	hard (열심히)	early (일찍)	high (높이)	long (오래)	fast (빨리)

2 철자가 같은 형용사와 부사는 문장에서 어떻게 쓰였는가를 꼼꼼하게 살펴보고 해석하면서 이해하는 것이 중요해요.

형용사로 쓰인 경우	부사로 쓰인 경우
This is a hard question. 이것은 어려운 질문이다.	She studies hard. 그녀는 열심히 공부한다.
I have an early breakfast. 나는 이른 아침식사를 한다.	She gets up early. 그녀는 일찍 일어난다.
That is a high mountain. 저것은 높은 산이다.	We went up high. 우리는 높이 올라갔다.
She has long hair. 그녀는 긴 머리를 하고 있다.	They waited long. 그들은 오래 기다렸다.
That is a fast car. 저것은 빠른 자동차이다.	He runs fast. 그는 빨리 달린다.

 다음 밑줄 친 단어의 알맞은 품사를 고르시오.   정답과 해설 45쪽

(1) This is a hard question.

이것은 어려운 질문이다.

① 형용사   ② 부사

(2) They waited long.

그들은 오래 기다렸다.

① 형용사   ② 부사

(3) We went up high.

우리는 높이 올라갔다.

① 형용사   ② 부사

(4) That is a fast car.

저것은 빠른 자동차이다.

① 형용사   ② 부사

(5) She gets up early.

그녀는 일찍 일어난다.

① 형용사   ② 부사

(6) She studies hard.

그녀는 열심히 공부한다.

① 형용사   ② 부사

1 우리가 어떤 일을 얼마나 자주 하는지, 그 빈도를 나타내는 부사를 '빈도부사'라고 해요.

그는 항상 조깅한다.

그녀는 절대 일찍 일어나지 않는다.

2 빈도수를 나타내는 빈도부사에는 다음과 같은 것들이 있어요. 왼쪽 never에서 오른쪽으로 갈수록 빈도수가 점점 높아지는 것을 나타내는 거예요. 철자와 뜻을 잘 익혀두세요.

0% ◄──────────────────────────────────────► 100%

절대 ~않는	때때로	종종	보통	항상
never	sometimes	often	usually	always

3 문장에서 빈도부사는 대체로 be동사, 조동사 뒤에 쓰고, 일반동사 앞에 쓰여요.

She is happy. → She is always happy. (○)
그녀는 행복하다.   그녀는 항상 행복하다.

   She always is happy. (×)

He jogs. → He often jogs. (○)
그는 조깅한다.   그는 종종 조깅한다.

   He jogs often. (×)

I tell a lie. → I will never tell a lie. (○)
나는 거짓말을 한다.   나는 절대 거짓말을 하지 않을 것이다.

   I will tell never a lie. (×)

 바로 확인문제 02 다음 밑줄 친 우리말에 해당하는 빈도부사가 들어갈 곳을 고르시오.   정답과 해설 45쪽

(1) She ① is ② happy.
그녀는 항상 행복하다.

(2) He ① runs ② fast.
그는 종종 빨리 달린다.

(3) I ① have ② an early breakfast.
나는 때때로 이른 아침식사를 한다.

(4) She ① studies ② hard.
그녀는 항상 열심히 공부한다.

(5) This car ① is ② fast.
이 차는 항상 빠르다.

(6) We ① went up ② high.
우리는 보통 높이 올라갔다.

(7) They ① waited ② long.
그들은 절대로 오래 기다리지 않았다.

(8) She ① gets up ② early.
그녀는 종종 일찍 일어난다.

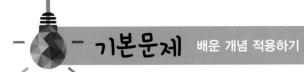

다음 우리말에 알맞게 빈칸에 영단어를 쓰시오.

(1) 이것은 어려운 질문이다.

This is a _____ question.

(2) 그녀는 일찍 일어난다.

She gets up _____.

(3) 우리는 높이 올라갔다.

We went up _____.

(4) 그녀는 긴 머리를 하고 있다.

She has _____ hair.

(5) 그는 빨리 달린다.

He runs _____.

(6) 나는 열심히 공부한다.

I study _____.

(7) 나는 항상 행복하다.

I am _____ happy.

(8) 나는 때때로 이른 아침 식사를 한다.

I _____ have an early breakfast.

(9) 우리는 보통 높이 올라갔다.

We _____ went up high.

(10) 그들은 절대로 오래 기다리지 않았다.

They _____ waited long.

(11) 그는 종종 일찍 일어난다.

He _____ gets up early.

(12) 그녀는 항상 조깅한다.

She _____ jogs.

(13) 이것은 빠른 자동차이다.

This is a _____ car.

(14) 저것은 높은 산이다.

That is a _____ mountain.

(15) 우리는 보통 행복했다.

We were _____ happy.

(16) 나는 종종 열심히 공부했다.

I _____ studied hard.

A 다음 빈칸에 들어갈 알맞은 것을 고르시오.

(1) _____와 철자가 같은 부사도 있어요.　　　　　　　　① 형용사　　② 주어

(2) 우리가 어떤 일을 얼마나 자주 하는지를 나타내는 부사를 '_____'라고 해요.

　　　　　　　　　　　　　　　　　　　　　　　　　① 빈도부사　　② 빈부사

(3) 빈도부사는 보통 be동사, 조동사의 _____에 써요.　　① 앞　　② 뒤

(4) 빈도부사는 보통 일반동사의 _____에 써요.　　　　① 앞　　② 뒤

B 다음 우리말에 알맞게 영단어를 배열하시오.

(1) 우리는 높이 올라갔다.

(high / went up / We)

_____

(2) 저것은 빠른 자동차이다.

(a / is / That / fast / car)

_____

(3) 그녀는 항상 열심히 공부한다.

(hard / studies / She / always)

_____

(4) 그들은 절대로 오래 기다리지 않았다.

(They / long / never / waited)

_____

C 다음 중 틀린 문장을 고르시오.

① I have an early breakfast.

② She has long hair.

③ This is a highly mountain.

④ She is always happy.

⑤ He often gets up early.

D 다음 글을 읽고 밑줄 친 우리말에 해당하는 영단어를 〈보기〉에서 찾아 쓰시오.

오늘은 드디어 토요일이다.

나는 토요일에도 (1) 일찍 일어난다.

나는 아빠와 함께 (2) 종종 등산을 가기 때문이다.

아빠는 내가 늦으면 (3) 절대로 오래 기다리시지 않는다.

우리는 산에 도착하자마자 (4) 높이 올라갔다.

하산하면서 우리가 (5) 항상 가는 음식점에서 맛있는 밥을 먹었다.

다음 주 토요일에도 아빠와 함께 등산을 가고 싶다.

〈보기〉

| never | early | high | often | always |

(1) _____　(2) _____　(3) _____　(4) _____　(5) _____

형용사/부사

1 다음 밑줄 친 형용사의 용법이 다른 하나를 고르시오.

① She is a good teacher.　　② It is a small orange.

③ You are very happy.　　④ It is a new rabbit.

⑤ That is a big table.

| 2-3 | 다음 중 틀린 문장을 고르시오.

2 ① He is a good friend.　　② It is a small orange.

③ This is an old building.　　④ It is a my new rabbit.

⑤ That is a big table.

3 ① I was strong.　　② He were young.

③ Jenny was smart.　　④ We were pretty.

⑤ You were tall.

4 다음 중 올바른 문장을 고르시오.

① It sound good.　　② She seem tired.

③ You look nice.　　④ My dad seem happy.

⑤ My grandma look tired.

5 다음 중 부사의 철자가 틀린 것을 고르시오.

① kindly　　　② easily　　　③ nicely

④ happily　　　⑤ beautifuly

6 다음 중 부사로 쓸 수 없는 것을 고르시오.

① sad　　　② well　　　③ long

④ hard　　　⑤ early

7 다음 〈보기〉 중 알맞은 형용사를 골라 빈칸에 쓰시오.

〈 보기 〉

round　　　yellow　　　three　　　young　　　small

이것은 노란색 자동차이다.

It is a _____ car.

| 8-9 | 다음 〈보기〉의 관계처럼 빈칸에 알맞은 영단어를 쓰시오.

〈 보기 〉

kind − kindly

8 lucky − _____

9 fast − _____

| 10-13 | 다음 우리말에 어울리는 단어를 〈보기〉에서 찾아 빈칸에 쓰시오.

〈 보기 〉

sometimes　　　always　　　often　　　never　　　usually

10 그는 항상 행복하다.

He is _____ happy.

11 나는 보통 조깅한다.

I _____ jog.

12 그들은 절대 아침식사를 먹지 않는다.

They _____ have breakfast.

13 그녀는 종종 열심히 공부한다.

She _____ studies hard.

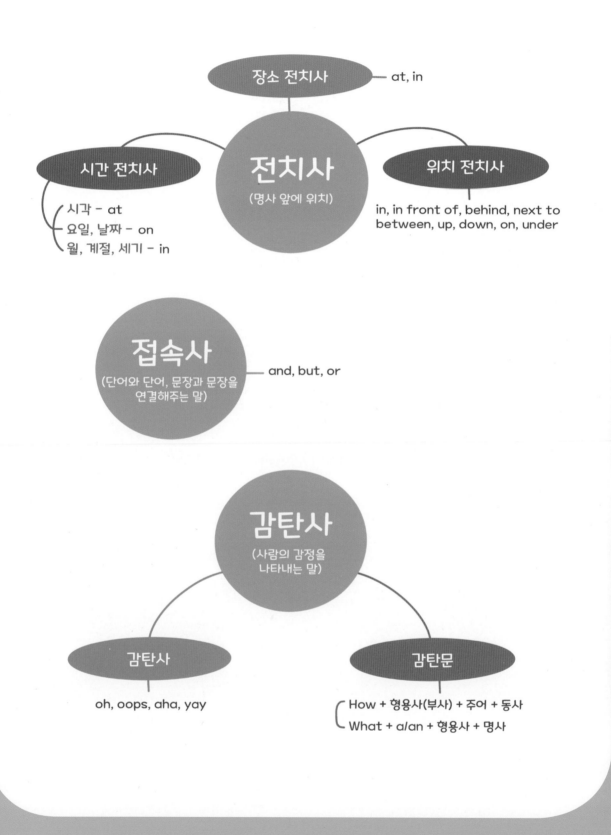

Part 7

전치사
접속사
감탄사

Day 24 전치사 (1)

혼공개념 047 시간을 나타내는 전치사 ❶

1 '전치사'는 '어떤 장소에서, 몇 시에, 몇 월에'라고 할 때 '~에서, ~에'에 해당하는 말이지요. 전치사는 장소, 시간과 같은 명사 앞에 쓰여요.

in the park (공원에서)
전치사

혼공쌤 꿀~팁 **전치사의 뜻** 전치사는 '앞에 위치하는 품사'라는 뜻인데 여기서 앞이란 명사 앞을 의미해요. 그래서 전치사와 명사를 한 덩어리로 생각해서 해석하면 돼요. • in the park 공원에서 (○) • in / the park 에서 / 공원 (×)

2 '시간'을 표현하는 대표적인 전치사로는 at, in, on이 있고, 뒤에 나오는 명사를 한 덩어리로 생각해서 '~에'라고 해석을 해요.

at 6 (6시에)   in fall (가을에)   on Monday (월요일에)

3 '8시'처럼 시간의 어느 한 지점을 '시각'이라고 해요. 시각 앞에는 전치사 at을 써요.

at 8 (8시에)   at 10 o'clock (10시 정각에)   at noon (정오에, 12시에)   at 9 : 30 (9시 30분에)

I always wake up / at 8.
나는 항상 일어난다   8시에

혼공쌤 꿀~팁 **at night** 대부분의 사람들이 밤에 잠을 자고 눈을 감고 뜨면 바로 아침이 되죠. 당연히 낮에 비해 밤이라는 긴 시간도 우리에게는 짧게 느껴져요. 그래서 '밤에'라는 표현은 '6시, 7시'처럼 하나의 시각과 같이 생각해서 at night이라고 써요.
We sleep / at night. (우리는 잔다 / 밤에)

바로! 확인문제 01 다음 빈칸에 들어갈 알맞은 것을 고르시오.

정답과 해설 47쪽

(1) I always wake up _____.
나는 항상 8시에 일어난다.
① at 8 ② 8 at

(2) I always wake up _____.
나는 항상 정오에(12시에) 일어난다.
① on noon ② at noon

(3) I always wake up _____.
나는 항상 9시 30분에 일어난다.
① 9 at 30 ② at 9:30

(4) I always wake up _____.
나는 항상 7시에 일어난다.
① at 7 ② in 7

(5) We sleep _____.
우리는 밤에 잔다.
① in night ② at night

(6) We sleep _____.
우리는 10시 정각에 잔다.
① at 10 o'clock ② 10 at o'clock

1 요일, 날짜, 특정한 날 앞에는 전치사 on을 써요.

She doesn't go to school / on Monday.
그녀는 학교에 가지 않는다   월요일에

요일을 나타내는 단어 Monday (월요일), Tuesday (화요일), Wednesday (수요일), Thursday (목요일), Friday (금요일), Saturday (토요일), Sunday (일요일) 이렇게 요일의 첫 철자는 대문자로 써야 해요.

2 월(1월부터 12월까지), 계절(봄, 여름, 가을, 겨울) 앞에는 전치사 in을 써요.

I was born / in January.   I was born / in winter.
나는 태어났다   1월에   나는 태어났다   겨울에

월을 나타내는 단어 January (1월), February (2월), March (3월), April (4월), May (5월), June (6월), July (7월), August (8월), September (9월), October (10월), November (11월), December (12월) 이렇게 월의 첫 철자는 대문자로 써야 해요.
계절을 나타내는 단어 spring (봄), summer (여름), fall (가을), winter (겨울)

3 1년을 단위로 하는 '연도', 100년을 단위로 하는 '세기' 앞에는 전치사 in을 써요.

I was born / in 2011.   He was born / in the 19th century.
나는 태어났다   2011년에   그는 태어났다   19세기에

아침, 오후, 저녁 '아침에, 오후에, 점심에'처럼 하루 중에 비교적 긴 시간에도 in을 써요. in the morning (아침에), in the afternoon (오후에), in the evening (저녁에)

바로! 확인문제 02 다음 빈칸에 들어갈 알맞은 것을 고르시오.
정답과 해설 47쪽

(1) _____ Wednesday
수요일에
① on ② in

(2) _____ spring
봄에
① on ② in

(3) _____ August
8월에
① on ② in

(4) _____ Friday
금요일에
① on ② in

(5) _____ Tuesday
화요일에
① on ② in

(6) _____ 2006
2006년에
① on ② in

(7) _____ November
11월에
① on ② in

(8) _____ the evening
저녁에
① on ② in

다음 우리말 알맞게 빈칸에 영단어를 쓰시오.

(1) 나는 항상 8시에 일어난다.

I always wake up _____ 8.

(2) 나는 일요일에 학교에 가지 않는다.

I don't go to school _____ Sunday.

(3) 그는 1999년에 태어났다.

He was born _____ 1999.

(4) 그녀는 여름에 태어났다.

She was born _____ summer.

(5) 우리는 밤에 잔다.

We sleep _____ _____.

(6) 나는 항상 9시 30분에 일어난다.

I always wake up _____ 9:30.

(7) 나는 항상 정오에(12시에) 일어난다.

I always wake up _____ _____.

(8) 그는 금요일에 학교에 가지 않는다.

He doesn't go to school _____ _____.

(9) 나는 3월에 태어났다.

I was born _____ _____.

(10) 우리는 10시 정각에 잔다.

We sleep _____ 10 _____.

(11) 나는 아침에 학교에 간다.

I go to school _____ _____ _____.

(12) 나는 19세기에 태어났다.

I was born _____ the 19th _____.

(13) 나는 저녁에 공부한다.

I study _____ _____.

(14) 나는 가을에 태어났다.

I was born _____ _____.

(15) 나의 아빠는 오후에 일하신다.

My dad works _____ _____.

(16) 그녀는 저녁에 잔다.

She sleeps _____ _____.

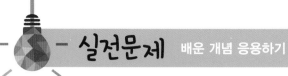

A 다음 빈칸에 들어갈 알맞은 것을 고르시오.

(1) _____는 장소, 시간과 같은 명사 앞에 쓰고 '~에서', '~에'로 해석해요.　① 부사　② 전치사

(2) 시간을 나타내는 전치사 중 '시각' 앞에는 전치사 _____을 써요.　① at　② on

(3) 요일, 날짜, 특정한 날 앞에는 전치사 _____을 써요.　① on　② in

(4) 연도, 세기와 같이 큰 단위 앞에는 전치사 _____을 써요.　① in　② at

B 다음 빈칸에 들어갈 알맞은 것을 고르시오.

(1) _____ July　① on　② in

(2) _____ noon　① in　② at

(3) _____ Saturday　① at　② on

(4) _____ the afternoon　① in　② at

C 다음 중 <u>틀린</u> 문장을 고르시오.

① I was born in May.　② We sleep at night.

③ I go to school at the morning.　④ I always wake up at 7 o'clock.

⑤ He was born in the 18th century.

D 다음 문장의 빈칸에 들어갈 알맞은 전치사를 〈보기〉에서 찾아 쓰시오.

(1) She was born _____ Thursday.

(2) Tom doesn't go to school _____ January.

(3) I sleep _____ night.

(4) I don't go to school _____ Wednesday.

(5) You always wake up _____ the afternoon.

(6) My brother goes to school _____ 8:30.

〈 보기 〉

at　　　in　　　on

혼공개념 049 장소를 나타내는 전치사 ❶

1 '장소'를 나타내는 전치사로는 at이 있어요. 'at + 장소'를 쓰고 '~에'라고 해석하면 돼요.

at home	He is / at home.
집에	그는 있다　집에

2 거실에 있든지, 부엌에 있든지, 방에 있든지 모두 집에 있는 거잖아요? 이렇게 '한 지점'을 말할 때는 at을 써요.

My mom is / at home.
나의 엄마는 있다　집에

3 bank(은행), bus stop(버스 정류장), school(학교), airport(공항) 등 '시설을 나타내는 장소' 앞에도 주로 전치사 at을 써요.

He works / at the bank.	We met / at the bus stop.
그는 일한다　은행에서	우리는 만났다　버스 정류장에서
She is / at school.	I will see you / at the airport.
그녀는 있다　학교에	나는 너를 만날 것이다　공항에서

혼공쌤 꿀~팁 **전치사 at** 미국 사람들은 at을 보통 '점'이라고 생각해요. 그래서 장소의 크기와 관계없이 '그 지점에 있다.'라고 하면 at을 많이 써요. • 작은 장소 at home(집에) • 큰 장소 at the airport(공항에서)

바로! 확인문제 01 ▶ 다음 중 전치사 at이 들어갈 알맞은 곳을 고르시오.　정답과 해설 48쪽

(1) He is ① home ②.
그는 집에 있다.

(2) Tom ① is ② school.
Tom은 학교에 있다.

(3) She ① works ② the bank.
그녀는 은행에서 일한다.

(4) We met ① the bus ② stop.
우리는 버스 정류장에서 만났다.

(5) My mom is ① the ② airport.
나의 엄마는 공항에 있다.

(6) She is ① the supermarket ②.
그녀는 슈퍼마켓에 있다.

장소를 나타내는 전치사 ❷

1 전치사 in 다음에 '장소'를 나타내는 말이 오면 '~에'라고 해석하면 되요.

in his room
그의 방에

He is / in his room.
그는 있다   그의 방에

2 어느 특정한 공간 '안'에 있는 것을 나타낼 때 전치사 in을 써요.

My mom is / in the kitchen.
나의 엄마는 있다   부엌에

My mom is / in the living room.
나의 엄마는 있다   거실에

My mom is / in her room.
나의 엄마는 있다   그녀의 방에

 at과 in의 쓰임 부엌, 거실, 방에 있는 것을 '집이라는 한 지점에 있다'라고 표현할 때는 at을 쓰고, 집에서도 각각의 공간 '안에 있다'라고 표현할 때는 in을 써요.
• She is at home. (그녀는 집에 있다.) • She is in her room. (그녀는 그녀의 방에 있다.)

3 공간의 크기와 관계없이 '어떤 공간 안에 있다는 느낌'으로 표현할 때 전치사 in을 써요.

She lives / in Seoul.
그녀는 산다   서울에

They study / in the classroom.
그들은 공부한다   교실에서

Seoul is / in Korea.
서울은 있다   한국에

A ball is / in the box.
공 하나가 있다   상자에

 바로! 확인문제 02 다음 중 전치사 in이 들어갈 알맞은 곳을 고르시오.
정답과 해설 48쪽

(1) He is ① his ② room.
그는 그의 방에 있다.

(2) She is ① the ② kitchen.
그녀는 부엌에 있다.

(3) Seoul is ① Korea ②.
서울은 한국에 있다.

(4) I ① am ② my room.
나는 내 방에 있다.

(5) Jenny ① lives ② Seoul.
Jenny는 서울에 산다.

(6) We ① study ② the classroom.
우리는 교실에서 공부한다.

(7) A pencil is ① the pencil ② case.
연필 하나가 필통에 있다.

(8) They are ① the living room ②.
그들은 거실에 있다.

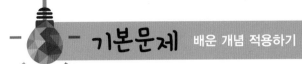

다음 우리말에 알맞게 빈칸에 영단어를 쓰시오.

(1) 그는 집에 있다.

He is ＿＿＿ ＿＿＿.

(2) 그녀는 한국에 산다.

She lives ＿＿＿ ＿＿＿.

(3) 나의 아빠는 부엌에 있다.

My dad is ＿＿＿ ＿＿＿ ＿＿＿.

(4) Kevin은 학교에 있다.

Kevin is ＿＿＿ ＿＿＿.

(5) 그녀는 버스 정류장에 있다.

She is ＿＿＿ ＿＿＿ ＿＿＿.

(6) 공 하나가 상자에 있다.

A ball is ＿＿＿ ＿＿＿ ＿＿＿.

(7) 우리는 교실에서 공부한다.

We study ＿＿＿ ＿＿＿.

(8) 나는 식당 안에 있다.

I am ＿＿＿ ＿＿＿ ＿＿＿.

(9) 그녀는 그녀의 방에 있다.

She is ＿＿＿ ＿＿＿ ＿＿＿.

(10) 나는 너를 공항에서 만날 것이다.

I will see you ＿＿＿ ＿＿＿ ＿＿＿.

(11) 우리는 은행에서 만났다.

We met ＿＿＿ ＿＿＿ ＿＿＿.

(12) 그들은 거실에 있다.

They are ＿＿＿ ＿＿＿ ＿＿＿ ＿＿＿.

(13) 그는 그의 방에 있다.

He is ＿＿＿ ＿＿＿ ＿＿＿.

(14) 그녀는 슈퍼마켓에 있다.

She is ＿＿＿ ＿＿＿ ＿＿＿.

(15) 그들은 서울에 산다.

They live ＿＿＿ ＿＿＿.

(16) 연필 하나가 필통에 있다.

A pencil is ＿＿＿ ＿＿＿ ＿＿＿.

A 다음 빈칸에 들어갈 알맞은 것을 고르시오.

(1) 장소를 나타내는 전치사 중 한 지점에 있음을 표현할 때에는 _____을 써요.　① at　② in

(2) 장소를 나타내는 전치사 중 한 공간 안에 있음을 표현할 때에는 _____을 써요.　① at　② in

(3) 공항, 버스 정류장 등 시설 앞에는 _____을 써요.　① at　② in

(4) 부엌, 방, 서울, 상자 안처럼 어느 공간 안에 있을 때에는 _____을 써요.　① at　② in

B 다음 우리말에 알맞은 전치사를 고르시오.

(1) My mom is _____ my room. (내 방 안에)　① in　② at

(2) We are _____ the airport. (공항에)　① at　② in

(3) They met _____ the subway station. (지하철 역에서)　① in　② at

(4) New York is _____ United States of America. (미국에)　① at　② in

C 다음 중 틀린 문장을 고르시오.

① I am at school.

② We study the classroom in.

③ We are in the living room.

④ Tom and Suzy live in China.

⑤ They will see you at the supermarket.

D 다음 문장의 빈칸에 들어갈 전치사를 〈보기〉에서 찾아 쓰시오.

(1) I am _____ home. (집에)

(2) My mom is _____ the living room. (거실에)

(3) My dad is _____ the supermarket. (슈퍼마켓에)

(4) My brother is _____ the classroom. (교실 안에)

(5) My sister studies _____ school. (학교에서)

(6) They will meet _____ the bus stop. (버스 정류장에서)

〈 보기 〉

at　　in

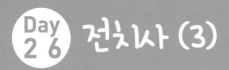 전치사 (3)

혼공개념 051   위치를 나타내는 전치사 ❶

1 사람, 물건이 어디에 있는지 다양한 위치를 나타내는 전치사들이 있어요.

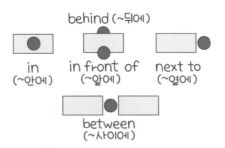

주의해야 할 전치사의 특징 in, at, on과 같이 시간을 나타내는 전치사는 위치를 나타내는 전치사로도 쓰여요. 전치사 다음에 '시간'이 오는지 '장소'가 오는지 잘 보고 해석하면 돼요.
• He was born in 2011. (시간) (그는 2011년에 태어났다.)   • He is in his room. (장소) (그는 그의 방에 있다.)

2 위치를 나타내는 전치사 in은 '~안에', in front of는 '~앞에', behind는 '~뒤에'를 의미하지요.

He is in the room. (그는 방 안에 있다.)

Minsu is in front of the door. (민수는 문 앞에 있다.)

Jane is behind the door. (Jane은 문 뒤에 있다.)

3 위치를 나타내는 전치사 next to는 '~옆에', between은 '~사이에'를 의미하지요.

Tom sits next to Jane. (Tom은 Jane 옆에 앉는다.)

Tom is between Minsu and Jane. (Tom은 민수와 Jane 사이에 있다.)

**바로!
확인문제
01**   다음 빈칸에 들어갈 알맞은 것을 고르시오.   정답과 해설 50쪽

(1) He is _____ his room.
그는 그의 방에 있다.
① behind   ② in

(2) It is _____ the school.
그것은 학교 앞에 있다.
① on   ② in front of

(3) He is _____ the door.
그는 문 뒤에 있다.
① next to   ② behind

(4) My mom is _____ the kitchen.
나의 엄마는 부엌에 있다.
① in front of   ② in

(5) I am _____ the station.
나는 역 앞에 있다.
① in front of   ② in

(6) The supermarket is _____ the bank.
슈퍼마켓은 은행 옆에 있다.
① behind   ② next to

1 위치를 나타내는 전치사로 up(~위로)과 down(~아래로)이 있어요.

I go up the stairs. (나는 계단 위쪽으로 간다. (나는 계단을 올라간다.))

I go down the stairs. (나는 계단 아래쪽으로 간다. (나는 계단을 내려간다.))

2 위치를 나타내는 전치사로 on(~위에)이 있어요.

A dog is on the skateboard. (개 한 마리가 스케이트보드 위에 있다.)

3 위치를 나타내는 전치사로 under(~아래에)가 있어요.

She found a ball under the table. (그녀는 탁자 아래에서 공을 하나 발견했다.)

바로! 확인문제 02 다음 빈칸에 들어갈 알맞은 것을 고르시오.   정답과 해설 50쪽

(1) I go _____ the stairs.
나는 계단을 올라간다.
① up   ② down

(2) He went _____ the stairs.
그는 계단을 내려갔다.
① up   ② down

(3) She is sitting _____ the bench.
그녀는 벤치(긴 의자)에 앉아 있다.
① on   ② down

(4) A cat is _____ the chair.
고양이는 의자 아래에 있다.
① under   ② on

(5) He climbed _____ a tree.
그는 나무 위에 올라갔다.
① up   ② down

(6) The books are _____ the table.
책들은 탁자 위에 있다.
① on   ② under

다음 우리말에 알맞게 빈칸에 영단어를 쓰시오.

(1) 그는 그의 방에 있다.

He _____ _____ his room.

(2) 슈퍼마켓은 버스 정류장 앞에 있다.

The supermarket is _____ _____ the bus stop.

(3) 그녀는 문 뒤에 있다.

She _____ _____ the door.

(4) 은행은 학교 옆에 있다.

The bank _____ _____ _____ the school.

(5) 그 고양이는 공과 상자 사이에 있다.

The cat _____ _____ a ball and a box.

(6) 나의 엄마는 부엌에 있다.

My mom _____ _____ the kitchen.

(7) 원숭이는 나무 위로 올라갔다.

The monkey climbed _____ the tree.

(8) 나는 계단을 내려간다.

I _____ _____ the stairs.

(9) 컵들이 탁자 위에 있다.

The cups _____ _____ the table.

(10) 호랑이들이 나무 아래에 있다.

The tigers _____ _____ the tree.

(11) 나는 계단을 올라간다.

I _____ _____ the stairs.

(12) 강아지는 차 위에 있다.

The dog _____ _____ the car.

(13) 책들은 탁자 위에 있다.

The books _____ _____ the table.

(14) 그녀는 의자 아래에 있다.

She_____ _____ the chair.

(15) 그들은 벤치 위에 있다.

They _____ _____ the bench.

(16) 나는 민수와 Jane 사이에 있다.

I am _____ Minsu _____ Jane.

A 다음 빈칸에 들어갈 알맞은 것을 고르시오.

(1) 사람, 물건이 어디에 있는지 다양한 위치를 나타내는 _____가 있어요.   ① 전치사   ② 명사

(2) 시간과 위치를 모두 나타내는 전치사는 전치사 _____에 오는 명사를 잘 확인해야 해요.

                                                              ① 앞   ② 뒤

(3) '~뒤에'라는 표현을 하고 싶을 때는 _____을(를) 써요.   ① in   ② behind

(4) '~아래에'라는 표현을 하고 싶을 때는 _____을(를) 써요.   ① on   ② under

B 다음 빈칸에 들어갈 알맞은 것을 고르시오.

(1) The school is next _____ the bank.   ① in   ② to

(2) The dog is between you _____ me.   ① and   ② in

(3) She is in front _____ the door.   ① of   ② at

(4) I go_____ the stairs.   ① at   ② up

C 다음 중 틀린 문장을 고르시오.

① She is in the kitchen.   ② The bus stop is in front the bank.

③ The cat is between my mother and me.   ④ He went down the stairs.

⑤ A monkey is on the tree.

D 다음 글을 읽고 밑줄 친 우리말에 해당하는 전치사를 〈보기〉에서 찾아 쓰시오.

오늘은 동네를 산책했다.

(1) 방 안에 있는 형에게 인사를 하고 집을 나왔다.

현관문 (2) 앞에 앉아있던 고양이에게도 인사를 했다.

집을 나왔는데 같은 반 친구인 Tom도 계단을 (3) 내려오고 있어서 같이 걸었다.

우리는 길을 걷다가 더워서 은행과 식당 (4) 사이에 있는 슈퍼마켓에서 아이스크림을 샀다.

그런데 동전이 떨어져 탁자 (5) 아래에서 동전을 주웠다.

친구와 같이 산책도 하고 아이스크림도 사 먹은 즐거운 하루였다.

〈 보기 〉

under	in front of	in	between	down

(1) _____   (2) _____   (3) _____   (4) _____   (5) _____

혼공개념 053   접속사

1 '접속'이라는 말은 무엇을 연결하는 것을 의미해요. '접속사'는 단어와 단어, 문장과 문장을 연결하는 말이지요. 대표적인 접속사에는 and(그리고), but(그러나), or(또는)…등이 있어요.

2 접속사를 단어와 단어 사이에 쓰면 두 단어를 연결하는 역할을 하지요.

strawberries / and / apples
딸기 그리고 사과 (딸기와 사과)

He likes strawberries and apples.
그는 딸기와 사과를 좋아한다.

Canada / or / Brazil
캐나다 또는 브라질

Let's go to Canada or Brazil.
캐나다 또는 브라질로 가자.

Let's + 동사원형 '~하자'라는 뜻으로 상대방에게 어떤 것을 '권유'하는 표현이지요.
• Let's eat. (먹자.)   • Let's go. (가자.)   • Let's drink. (마시자.)

3 접속사를 문장과 문장 사이에 쓰면 두 문장을 연결하는 역할을 하지요.

He likes pears. + She doesn't like pears.
그는 배를 좋아한다.   그녀는 배를 좋아하지 않는다.

→ He likes pears but she doesn't like pears.
그는 배를 좋아하지만 그녀는 배를 좋아하지 않는다.

생략하기 접속사를 기준으로 하여 같은 말이 반복될 때는 생략할 수 있어요. He likes pears but she doesn't like pears. → He likes pears but she doesn't. (그는 배를 좋아하지만 그녀는 그렇지 않다.)

바로! 확인문제 01   다음 빈칸에 들어갈 알맞은 것을 고르시오   정답과 해설 51쪽

(1) Let's eat an apple _____ a banana.
사과와 바나나를 먹자.
① or   ② and

(2) Let's dance _____ sing.
춤추거나 노래하자.
① or   ② and

(3) Let's drink juice _____ milk.
주스 또는 우유를 마시자.
① but   ② or

(4) Let's go to Canada _____ Brazil.
캐나다와 브라질로 가자.
① and   ② or

(5) I like dogs _____ cats.
나는 강아지와 고양이를 좋아한다.
① and   ② but

(6) I like pears _____ he doesn't.
나는 배를 좋아하지만 그는 그렇지 않다.
① or   ② but

1 '우와', '어머나'와 같이 감정을 나타내는 말을 '감탄사'라고 해요.

예) oh (오), oops (아이구), aha (아하), yay (앗싸)...

2 what을 써서 감탄을 나타내는 문장인 '감탄문'을 만들 수 있어요. 'What + a / an + 형용사 + 명사'의 순서로 나타내는데, 만약 복수 명사라면 a / an은 생략하고 명사에 s나 es를 붙이면 돼요. 그리고 문장 끝에는 느낌표(!)를 표시해야 해요.

a nice car → What a nice car!
멋진 차　　진짜 멋진 차다!

an exciting game → What an exciting game!
흥미진진한 게임　　진짜 흥미진진한 게임이다!

3 How를 써서 감탄문을 만들 수 있는데 'How + 형용사(부사) + 주어 + 동사'의 순서로 쓰면 돼요. 역시 문장 끝에는 느낌표(!)를 표시하면 돼요.

She is lovely. → How lovely she is!
그녀는 사랑스럽다.　　그녀가 얼마나 사랑스러운지!

He is handsome. → How handsome he is!
그는 잘생겼다.　　그가 얼마나 잘생겼는지!

바로! 확인문제 02 다음 빈칸에 들어갈 알맞은 것을 고르시오

정답과 해설 51쪽

(1) What ＿＿＿ ＿＿＿ car!
진짜 멋진 차다!
① a nice　② nice a

(2) What ＿＿＿ ＿＿＿ game!
진짜 흥미진진한 게임이다!
① an exciting　② exciting an

(3) What ＿＿＿ ＿＿＿ baby!
진짜 사랑스러운 아기다!
① lovely a　② a lovely

(4) How ＿＿＿ ＿＿＿ are!
네가 얼마나 젊은지(어린지)!
① young you　② you young

(5) How ＿＿＿ ＿＿＿ is!
그녀가 얼마나 사랑스러운지!
① she lovely　② lovely she

(6) How ＿＿＿ ＿＿＿ is!
그가 얼마나 키가 큰지!
① tall he　② he tall

다음 우리말에 알맞게 빈칸에 영단어를 쓰시오.

(1) 사과와 바나나를 먹자.

Let's _____ an apple _____ a banana.

(2) 춤추거나 노래하자.

Let's dance _____ sing.

(3) 주스와 우유를 마시자.

Let's _____ juice _____ milk.

(4) 나는 배와 바나나를 좋아한다.

I like pears _____ bananas.

(5) 그는 딸기를 좋아하고 그녀는 사과를 좋아한다.

He likes strawberries _____ she likes apples.

(6) 나는 배를 좋아하지만 그녀는 그렇지 않다.

I like pears _____ she doesn't.

(7) 진짜 멋진 차다!

What _____ _____ car!

(8) 진짜 사랑스러운 아기다!

What _____ _____ baby!

(9) 진짜 잘생긴 소년이다!

What _____ _____ boy!

(10) 그녀가 얼마나 사랑스러운지!

How _____ _____ is!

(11) 그가 얼마나 키가 큰지!

How _____ _____ is!

(12) 그녀가 얼마나 똑똑한지!

How _____ _____ is!

(13) 진짜 흥미진진한 게임이다!

What _____ _____ game!

(14) 그가 얼마나 잘생겼는지!

How _____ _____ is!

(15) 정말 사랑스러운 소녀이다!

What _____ _____ girl!

(16) 그가 얼마나 용감한지!

How _____ _____ is!

A 다음 빈칸에 들어갈 알맞은 것을 고르시오.

(1) 단어나 문장을 연결하는 말을 _____라고 해요. 　　① 접속사 ② 형용사

(2) '우와', '어머나'와 같이 감정을 나타내는 말을 _____라고 해요. 　① 감탄사 ② 동사

(3) 'What 감탄문'은 주로 'What + a/an + _____ + 명사'의 순서로 표현해요. ① 동사　② 형용사

(4) 'How 감탄문'은 주로 'How + 형용사(부사) + _____ + 동사'의 순서로 표현해요.

　　　　　　　　　　　　　　　　　　　　　　　① 주어　② 관사

B 다음 우리말에 알맞게 영단어를 배열하시오.

(1) 나는 사과와 바나나를 좋아한다.

(like / apples / and / I / bananas)

(2) 캐나다 또는 브라질로 가자.

(or / Canada / Let's / Brazil / go to)

_____

(3) 진짜 멋진 차다!

(nice / a / What / car)

_____!

(4) 그가 얼마나 똑똑한지!

(smart / is / How / he)

_____!

C 다음 중 <u>틀린</u> 문장을 고르시오.

① Let's eat strawberries and apples.

② I like pears and she likes bananas.

③ What exciting a game!

④ Let's go to Canada or Brazil.

⑤ How handsome he is!

D 다음은 문장들을 우리말에 알맞게 접속사나 감탄사를 사용하여 바꾸어 쓰시오.

(1) I like pears.　　　　　　　　→ _____

　　 I like apples.　　　　　　　　나는 배와 사과를 좋아한다.

(2) Let's go to Canada.　　　　→ _____

　　 Let's go to Brazil.　　　　　　캐나다 또는 브라질로 가자.

(3) He likes strawberries.　　　→ _____

　　 She doesn't like strawberries.　그는 딸기를 좋아하지만 그녀는 그렇지 않다.

(4) It is a nice car.　　　　　　→ What _____!

　　　　　　　　　　　　　　　진짜 멋진 차다!

(5) She is lovely.　　　　　　　→ How _____!

　　　　　　　　　　　　　　　그녀가 얼마나 사랑스러운지!

1 다음 전치사에 대한 설명 중 올바르지 않은 것을 고르시오.

① '어떤 장소에서, 몇 시에'라고 할 때 '에서, 에'에 해당하는 단어예요.

② 요일, 날짜, 특정한 날 앞에는 on을 써요.

③ '~앞에'를 말할 때는 next to를 써요.

④ 전치사는 보통 명사 앞에 써요.

⑤ in, at, on은 시간과 장소를 모두 나타낼 수 있어요.

2 다음 빈칸에 들어갈 단어가 다른 하나를 고르시오.

① _____ 8   ② _____ night

③ _____ Monday   ④ _____ 11:15

⑤ _____ noon

|3-4| 다음 문장의 밑줄 친 부분이 문법상 틀린 것을 고르시오.

3 ① I work at the bank.   ② He is in his room.

③ Seoul is in Korea.   ④ We will meet on the airport.

⑤ A pencil is in the pencil case.

4 ① I like milk and juice.   ② Let's study or read.

③ He likes apples or she doesn't.   ④ Let's go and sleep.

⑤ I like music but he doesn't.

5 다음 문장 중 문법상 틀린 것을 고르시오.

① What a nice hat!   ② What a lovely cat!

③ What an exciting game!   ④ How she smart!

⑤ How tall he is!

| 6-9 | 다음 〈보기〉 중 알맞은 전치사를 골라 빈칸에 쓰시오.

〈 보기 〉

in   at   on   down

6 I was born _____ January.

7 I don't go to school _____ Sunday.

8 They sleep _____ night.

9 He ran _____ the stairs.

10 다음 〈보기〉의 관계처럼 빈칸에 알맞은 단어를 쓰시오.

〈 보기 〉

up − down

in front of − _____

11 다음 〈보기〉의 우리말에 알맞게 영단어를 배열하시오.

〈 보기 〉

나는 너를 공항에서 만날 것이다. (at / will / I / airport / meet / you / the)

_____ .

| 12-14 | 다음 우리말과 어울리는 접속사를 〈보기〉에서 찾아 빈칸에 쓰시오.

〈 보기 〉

and   but   or

12 그는 배와 사과를 좋아한다.

He likes pears _____ apples.

13 춤추거나 노래하자.

Let's sing _____ dance.

14 그녀는 사탕을 좋아하지만 그는 그렇지 않다.

She likes candies _____ he doesn't.

공부하느라 힘드시죠?
으라차차^^ 소리 한번 지르세요.
언제나 여러분의 성공을 기원할게요. *^^*

− 공부책 잘 만드는 쏠티북스가 −

www.saltybooks.com

Never give up!

Carpe diem!

혼공

초등영문법
8품사편

책속 <Day별> 영단어장 & 정답과 해설

쏠티북스

혼공
초등영문법
8품사편

책속 <Day별> 영단어장

쏠티북스

〈Day별〉영단어 정리 및 3회 써보기

이 책에 등장하는 영단어를 〈Day별〉순서대로 정리했어요. 철자, 발음 그리고 뜻을 생각하며 영단어를 직접 세 번씩 쓰면서 익혀보세요. 영단어와 미리 친해지면 이 책을 예습하고 복습하기가 훨씬 쉬워져요.

Day	단어	발음	뜻	1회 쓰기	2회 쓰기	3회 쓰기
Day 01	ball	볼	명 공			
	banana	버내너	명 바나나			
	cat	캣	명 고양이			
	boy	보이	명 소년			
	apple	애펄	명 사과			
	orange	오뤤지	명 오렌지			
	onion	어년	명 양파			
	ice cream	아이스 크륌	명 아이스크림			
	car	카아	명 차, 자가용			
	egg	에그	명 달걀, 계란			
	monkey	멍키	명 원숭이			
	book	북	명 책			
	bag	배그	명 가방			
	cup	컵	명 컵, 잔			
	dog	도그	명 개			
	tiger	타이거	명 호랑이			
Day 02	potato	퍼테이토우	명 감자			
	tomato	터메이토우	명 토마토			
	man	맨	명 남자, 사람			
	tooth	투쓰	명 이빨, 치아			
	child	촤일드	명 아이			
	mouse	마우스	명 쥐			
	men	멘	명 남자들			
	woman	워먼	명 여자			
	women	위민	명 여자들			
	teeth	티이쓰	명 이빨들, 치아들			
	foot	풋	명 발			
	feet	피이트	명 발들			
	children	췰드런	명 어린이들			
	ox	악스	명 소			

Day	단어	발음	뜻	1회 쓰기	2회 쓰기	3회 쓰기
Day 02	oxen	악선	⑲ 소들			
	mice	마이스	⑲ 쥐들			
	sheep	쉬입	⑲ 양, 양들			
	fish	피쉬	⑲ 물고기, 물고기들			
	deer	디어	⑲ 사슴, 사슴들			
	goose	구스	⑲ 거위			
	geese	기스	⑲ 거위들			
Day 03	water	워터	⑲ 물			
	juice	주스	⑲ 주스			
	milk	밀크	⑲ 우유			
	tea	티	⑲ 차			
	bread	브뤠드	⑲ 빵			
	cheese	취이즈	⑲ 치즈			
	sugar	슈거	⑲ 설탕			
	salt	솔트	⑲ 소금			
	glass	글래스	⑲ 잔, 유리잔			
	two	투	㉠ 둘			
	four	포	㉠ 넷			
	five	파이브	㉠ 다섯			
	loaf	로우프	⑲ 덩어리			
	three	쓰리	㉠ 셋			
	slice	슬라이스	⑲ (얇게 썬) 조각, 장			
	spoonful	스푼플	⑲ 숟가락			
	butter	버터	⑲ 버터			
	chocolate	초클럿	⑲ 초콜릿			
	piece	피이스	⑲ 조각			
	cake	케익	⑲ 케이크			
	pizza	핏차	⑲ 피자			
	coffee	카피	⑲ 커피			
	pepper	페퍼	⑲ 후추			
	star	스타아	⑲ 별			
	oil	오일	⑲ 기름			
Day 04	this	디스	㉢ 이것, 이 사람			
	these	디즈	㉢ 이것들, 이 사람들			

Day	단어	발음	뜻	1회 쓰기	2회 쓰기	3회 쓰기
Day 04	**that**	댓	㉲ 저것, 저 사람			
	those	도우즈	㉲ 저것들, 저 사람들			
Day 05	**I**	아이	㉲ 나			
	you	유	㉲ 너, 너희들			
	he	히	㉲ 그			
	she	쉬	㉲ 그녀			
	it	잇	㉲ 그것			
	we	위	㉲ 우리			
	they	데이	㉲ 그들, 그것들			
Day 06	**my**	마이	㉲ 나의			
	your	요어	㉲ 너의, 너희들의			
	his	히즈	㉲ 그의			
	her	허	㉲ 그녀의			
	its	잇츠	㉲ 그것의			
	doll	달	㉳ 인형			
	building	빌딩	㉳ 건물			
	bicycle	바이시컬	㉳ 자전거			
	house	하우스	㉳ 집			
	our	아우어	㉲ 우리들의			
	their	데어	㉲ 그들의, 그것들의			
	school	스쿨	㉳ 학교			
	bus	버스	㉳ 버스			
Day 07	**me**	미	㉲ 나를			
	you	유	㉲ 너를, 너희들을			
	him	힘	㉲ 그를			
	her	허	㉲ 그녀를			
	it	잇	㉲ 그것을			
	eat	이이트	㉵ 먹다			
	call	콜	㉵ 전화하다			
	us	어스	㉲ 우리들을			
	them	뎀	㉲ 그들을, 그것들을			
	table	테이벌	㉳ 탁자, 테이블			
	doctor	닥터	㉳ 의사			

Day	단어	발음	뜻	1회 쓰기	2회 쓰기	3회 쓰기
Day 08	am	앰	동 ~이다, ~하다, ~에 있다			
	are	아아	동 ~이다, ~하다, ~에 있다			
	is	이즈	동 ~이다, ~하다, ~에 있다			
	happy	해피	형 행복한			
	room	룸	명 방			
	kitchen	키천	명 부엌			
	park	파아크	명 공원			
	girl	걸	명 소녀			
	angry	앵그리	형 화난			
	sad	새드	형 슬픈			
	dad	대드	명 아빠			
	thirsty	떨스티	형 목마른			
	mom	맘	명 엄마			
	student	스투던트	명 학생			
	teacher	티처	명 선생님			
Day 09	was	와즈	동 ~이었다, ~했다, ~에 있었다			
	were	워	동 ~이었다, ~했다, ~에 있었다			
	brave	브레이브	형 용감한			
	pencil	펜소	명 연필			
	bathroom	베뜨룸	명 화장실			
Day 10	not	낫	부 아니다			
	cook	쿡	명 요리사			
	hungry	헝그리	형 배고픈			
Day 11	yes	예스	감 응, 그래			
	no	노우	감 아니			
	classroom	클래스룸	명 교실			
Day 12	run	뤈	동 달리다			
	go	고우	동 가다			
	read	뤼이드	동 읽다			
	stop	스땁	동 멈추다			
	sing	씽	동 노래하다			
	dance	댄스	동 춤추다			
	jump	점프	동 점프하다			

Day	단어	발음	뜻	1회 쓰기	2회 쓰기	3회 쓰기
Day 12	wash	와쉬	동 씻다			
	fix	픽스	동 수리하다			
	teach	티치	동 가르치다			
	watch	와치	동 보다			
	study	스터디	동 공부하다			
Day 13	ate	에잇	동 먹었다			
	ran	뤤	동 달렸다			
	went	웬트	동 갔다			
	clean	클린	동 청소하다			
	cleaned	클린드	동 청소했다			
	love	러브	동 사랑하다			
	loved	러브드	동 사랑했다			
	studied	스터디드	동 공부했다			
	cry	크라이	동 울다			
	cried	크라이드	동 울었다			
	play	플레이	동 놀다			
	played	플레이드	동 놀았다			
	washed	와쉬트	동 씻었다			
	danced	댄스트	동 춤췄다			
	stopped	스탑트	동 멈췄다			
	drop	드랍	동 떨어뜨리다			
	dropped	드랍트	동 떨어뜨렸다			
	put	풋	동 놓다			
	cut	컷	동 자르다			
	drink	드링크	동 마시다			
	drank	드뢩크	동 마셨다			
	watched	와치트	동 봤다			
Day 14	don't	도운트	do not의 축약형			
	doesn't	더즌트	does not의 축약형			
	didn't	디든트	did not의 축약형			
Day 15	do	두	조 의문문을 만드는 조동사			
	does	더즈	조 3인칭 단수 의문문을 만드는 조동사			
	English	잉글리쉬	명 영어			

Day	단어	발음	뜻	1회 쓰기	2회 쓰기	3회 쓰기
Day 15	did	디드	㊈ 과거 의문문을 만드는 조동사			
Day 16	eating	이팅	eat의 ing 형태			
	cleaning	클리닝	clean의 ing 형태			
	going	고우잉	go의 ing 형태			
	studying	스터디잉	study의 ing 형태			
	jumping	점핑	jump의 ing 형태			
	reading	뤼딩	read의 ing 형태			
	drinking	드륑킹	drink의 ing 형태			
	singing	씽잉	sing의 ing 형태			
Day 17	can	캔	㊈ ~할 수 있다			
	can't	캔트	cannot의 축약형			
	sang	쌩	㊍ 노래했다			
	will	윌	㊈ ~할 것이다			
	singer	씽어	㊂ 가수			
	won't	워운트	will not의 축약형			
Day 18	may	메이	㊈ ~해도 된다			
	home	호움	㊊ 집에			
	help	헬프	㊍ 돕다			
	should	슈드	㊈ ~해야 한다			
	see	씨이	㊍ 보다			
	shouldn't	슈든트	should not의 축약형			
	hand	핸드	㊂ 손			
Day 19	must	머스트	㊈ 반드시 ~해야 한다			
	glove	글러브	㊂ 장갑			
	may	메이	㊈ ~일지도 모른다			
	must	머스트	㊈ ~인 게 틀림없다			
	there	데어	㊊ 그곳에, 거기에			
Day 20	tall	톨	㊌ 키 큰			
	rabbit	뤠벗	㊂ 토끼			
	big	빅	㊌ 큰			
	old	오울드	㊌ 늙은, 오래된			
	round	롸운드	㊌ 둥근			
	black	블랙	㊌ 검은			

Day	단어	발음	뜻	1회 쓰기	2회 쓰기	3회 쓰기
Day 20	**new**	누	휑 새로운			
	good	글	휑 좋은			
	friend	프렌드	몡 친구			
	small	스몰	휑 작은			
Day 21	**young**	영	휑 젊은, 어린			
	heavy	헤비	휑 무거운			
	pretty	프리티	휑 예쁜			
	strong	스트롱	휑 힘이 센			
	smart	스마아트	휑 똑똑한			
	become	비컴	동 ~해지다, ~이 되다			
	look	륵	동 ~처럼 보이다			
	seem	씨임	동 ~인 것 같다			
	sound	사운드	동 ~처럼 들리다			
	nice	나이스	휑 멋진			
	grandpa	그랜파	몡 할아버지			
	tired	타열드	휑 피곤한			
Day 22	**sadly**	새들리	뿐 슬프게			
	kind	카인드	휑 친절한			
	kindly	카인들리	뿐 친절하게			
	nicely	나이슬리	뿐 멋지게			
	beautiful	뷰터펄	휑 아름다운			
	beautifully	뷰터플리	뿐 아름답게			
	happily	해펄리	뿐 행복하게			
	lucky	러키	휑 운이 좋은			
	luckily	러클리	뿐 운이 좋게			
	easy	이지	휑 쉬운			
	easily	이절리	뿐 쉽게			
	angrily	앵그럴리	뿐 화를 내며			
	song	송	몡 노래			
	very	베어리	뿐 아주, 매우			
	well	웰	뿐 잘			
	fast	패스트	뿐 빨리			
	much	머치	뿐 많이			
	mix	믹스	동 섞다			

Day	단어	발음	뜻	1회 쓰기	2회 쓰기	3회 쓰기
Day 22	speak	스피이크	⑧ 말하다			
	thank	땡크	⑧ 감사하다			
	computer	컴퓨터	⑨ 컴퓨터			
	carrot	캐럿	⑨ 당근			
Day 23	hard	하아드	⑲ 어려운			
	hard	하아드	⑭ 열심히			
	early	얼리	⑲ 이른			
	early	얼리	⑭ 일찍			
	high	하이	⑲ 높은			
	high	하이	⑭ 높이			
	long	롱	⑲ 긴			
	long	롱	⑭ 오래			
	fast	패스트	⑲ 빠른			
	fast	패스트	⑭ 빨리			
	question	퀘스천	⑨ 질문			
	breakfast	브렉퍼스트	⑨ 아침식사			
	get up	겟업	⑧ 일어나다			
	mountain	마운턴	⑨ 산			
	hair	헤어	⑨ 머리카락			
	wait	웨잇	⑧ 기다리다			
	never	네버	⑭ 결코 ~않는			
	sometimes	섬타임즈	⑭ 때때로			
	often	오펀	⑭ 종종			
	usually	유절리	⑭ 보통			
	always	올웨이즈	⑭ 항상			
	jog	좌그	⑧ 조깅하다			
	tell	텔	⑧ 말하다			
	lie	라이	⑨ 거짓말			
	yellow	옐로우	⑲ 노란색의			
Day 24	fall	폴	⑨ 가을			
	Monday	먼데이	⑨ 월요일			
	o'clock	어클락	정각			
	noon	눈	⑨ 정오			
	wake up	웨이컵	⑧ 일어나다			

Day	단어	발음	뜻	1회 쓰기	2회 쓰기	3회 쓰기
	night	나이트	몡 밤			
	sleep	슬리이프	동 잠자다			
	Tuesday	튜즈데이	몡 화요일			
	Wednesday	웬즈데이	몡 수요일			
	Thursday	떨즈데이	몡 목요일			
	Friday	프라이데이	몡 금요일			
	Saturday	새터데이	몡 토요일			
	Sunday	선데이	몡 일요일			
	born	본	동 태어나다			
	winter	윈터	몡 겨울			
	January	재뉴어리	몡 1월			
	February	페브루어리	몡 2월			
	March	마아치	몡 3월			
	April	에이프럴	몡 4월			
Day 24	May	메이	몡 5월			
	June	준	몡 6월			
	July	줄라이	몡 7월			
	August	아거스트	몡 8월			
	September	셉템버	몡 9월			
	October	악토우버	몡 10월			
	November	노우벰버	몡 11월			
	December	디셈버	몡 12월			
	spring	스프링	몡 봄			
	summer	써머	몡 여름			
	century	센츄리	몡 세기			
	morning	모닝	몡 아침			
	afternoon	애프터눈	몡 오후			
	evening	이브닝	몡 저녁			
	work	월크	동 일하다			
	brother	브롸덜	몡 형, 남동생			
Day 25	bank	뱅크	몡 은행			
	bus stop	버스탑	몡 버스 정류장			
	airport	에어포트	몡 공항			
	met	멧	동 만났다			

Day	단어	발음	뜻	1회 쓰기	2회 쓰기	3회 쓰기
Day 25	supermarket	수퍼마킷	⑲ 슈퍼마켓			
	living room	리빙룸	⑲ 거실			
	live	립	⑧ 살다			
	Korea	코뤼아	⑲ 한국			
	restaurant	레스터란	⑲ 식당			
	subway	썹웨이	⑲ 전철, 지하철			
	station	스테이션	⑲ 역			
	United States of America	뉴나이팃 스테이츠 업 아메뤼카	⑲ 미국			
	China	촤이너	⑲ 중국			
	sister	씨스털	⑲ 누나, 여동생			
Day 26	in	인	⑳ ~안에			
	in front of	인 프런트 어브	⑳ ~앞에			
	behind	비하인드	⑳ ~뒤에			
	door	도어	⑲ 문			
	next to	넥스투	⑳ ~옆에			
	between	비트윈	⑳ ~사이에			
	sit	씻	⑧ 앉다			
	up	업	⑳ ~위로			
	down	다운	⑳ ~아래로			
	stair	스테어	⑲ 계단			
	on	안	⑳ ~위에			
	skateboard	스케잇보어드	⑲ 스케이트보드			
	under	언더	⑳ ~아래에			
	found	파운드	⑧ 찾았다			
	bench	벤취	⑲ 긴 의자			
	chair	췌어	⑲ 의자			
	climb	클라임	⑧ 오르다			
	mother	머더	⑲ 엄마			
Day 27	and	애앤드	㉒ 그리고			
	but	벗	㉒ 그러나			
	or	오어	㉒ 또는			
	strawberry	스트롸베리	⑲ 딸기			
	like	라익	⑧ 좋아하다			

Day	단어	발음	뜻	1회 쓰기	2회 쓰기	3회 쓰기
Day 27	Canada	캐너더	명 캐나다			
	Brazil	브러질	명 브라질			
	pear	페어	명 배			
	oh	오우	감 오, 아			
	oops	웁스	감 아이구			
	aha	아하	감 아하			
	yay	예이	감 앗싸			
	exciting	익사이팅	형 흥미진진한			
	game	게임	명 게임, 경기			
	lovely	러블리	형 사랑스러운			
	handsome	핸섬	형 잘생긴			
	music	뮤직	명 음악			
	hat	햇	명 모자			

혼공
초등영문법
8품사편

정답과 해설

쏠티북스

바로! 확인문제 01

본문 10쪽

(1) a banana   (2) bananas   (3) a cat
(4) cats   (5) a boy   (6) boys

(1) 바나나가 한 개이므로 banana 앞에 a를 써서 a banana라고 써요.

(2) 바나나가 네 개이므로 banana 끝에 s를 붙여 bananas 라고 써요.

(3) 고양이가 한 마리이므로 cat 앞에 a를 써서 a cat이라고 써요.

(4) 고양이가 세 마리이므로 cat 끝에 s를 붙여 cats라고 써요.

(5) 소년이 한 명이므로 boy 앞에 a를 써서 a boy라고 써요.

(6) 소년이 두 명이므로 boy 끝에 s를 붙여 boys라고 써요.

바로! 확인문제 02

본문 11쪽

(1) an orange   (2) oranges   (3) an onion
(4) onions   (5) an ice cream   (6) ice creams

(1) 오렌지가 한 개이고 발음이 모음인 '오'로 시작하기 때문에, orange 앞에 an을 써서 an orange라고 써요.

(2) 오렌지가 세 개이므로 orange 끝에 s를 붙여 oranges 라고 써요.

(3) 양파가 한 개이고 발음이 모음인 '어'로 시작하기 때문에, onion 앞에 an을 써서 an onion이라고 써요.

(4) 양파가 세 개이므로 onion 끝에 s를 붙여 onions라고 써요.

(5) 아이스크림이 한 개이고 발음이 모음인 '아'로 시작하기 때문에, 앞에 an을 써서 an ice cream이라고 써요.

(6) 아이스크림이 다섯 개이므로 ice cream 끝에 s를 붙여 ice creams라고 써요.

기본문제

본문 12쪽

(1) ②   (2) ②   (3) ②   (4) ②   (5) ②   (6) ①
(7) ②   (8) ②   (9) ②   (10) ①   (11) ①   (12) ②

(1) 바나나가 네 개이므로 bananas가 알맞아요.

(2) 고양이가 세 마리이므로 cats가 알맞아요.

(3) 소년이 두 명이므로 boys가 알맞아요.

(4) 차가 네 대이므로 cars가 알맞아요.

(5) 오렌지가 세 개이므로 oranges가 알맞아요.

(6) 양파가 한 개이므로 an onion이 알맞아요.

(7) 아이스크림이 다섯 개이므로 ice creams가 알맞아요.

(8) 달걀이 두 개이므로 eggs가 알맞아요.

(9) 원숭이가 두 마리이므로 monkeys가 알맞아요.

(10) 책이 한 권이므로 a book이 알맞아요.

(11) 가방이 한 개이고 발음이 자음으로 시작하므로 a bag이 알맞아요.

(12) 컵이 세 개이므로 cups가 알맞아요.

실전문제

본문 13쪽

Ⓐ (1) ①   (2) ①   (3) ②   (4) ②   Ⓑ (1) ②
(2) ①   (3) ①   (4) ②   Ⓒ ③   Ⓓ (1) a dog
(2) apples   (3) cats   (4) a cat   (5) an apple

Ⓑ

(1) 개가 네 마리이므로 dogs가 알맞아요.

(2) 책이 한 권이므로 a book이 알맞아요.

(3) 달걀이 한 개이고 발음이 모음인 e[에]로 시작하기 때문에 egg 앞에 an을 써서 an egg가 알맞아요.

(4) 호랑이가 두 마리이므로 tigers가 알맞아요.

Ⓒ

③ onion은 발음이 모음인 o[어]로 시작하는 단수이기 때문에 하나를 나타내기 위해서는 앞에 an을 써야 해요.

Ⓓ

(1) '강아지 한 마리'는 단수이므로 dog 앞에 a를 써서 a dog로 쓰면 돼요.

(2) '사과들'은 복수이므로 apple 끝에 s를 붙여 apples로 쓰면 돼요.

(3) '고양이들'은 복수이므로 cat 끝에 s를 붙여 cats로 쓰면 돼요.

(4) '고양이 한 마리'는 단수이므로 cat 앞에 a를 써서 a cat로 쓰면 돼요.

(5) '사과 한 개'는 단수이고 발음이 모음인 a[애]로 시작하므로 apple 앞에 an을 써서 an apple로 쓰면 돼요.

Day 02 명사 (2)

바로! 확인문제 01

본문 14쪽

(1) a monkey   (2) monkeys   (3) a potato
(4) potatoes   (5) a tomato   (6) tomatoes

(1) 원숭이가 한 마리이므로 monkey 앞에 a를 써서 a monkey라고 써요.

(2) 원숭이가 두 마리이므로 monkey 끝에 s를 붙여 monkeys라고 써요.

(3) 감자가 한 개이므로 potato 앞에 a를 써서 a potato라고 써요.

(4) 감자가 세 개이므로 potato 끝에 es를 붙여 potatoes라고 써요.

(5) 토마토가 한 개이므로 tomato 앞에 a를 써서 a tomato라고 써요.

(6) 토마토가 세 개이므로 tomato 끝에 es를 붙여 tomatoes라고 써요.

바로! 확인문제 02

본문 15쪽

(1) a tooth   (2) teeth   (3) a child   (4) children
(5) a mouse   (6) mice

(1) 이빨이 한 개이므로 tooth 앞에 a를 써서 a tooth라고 써요.

(2) 이빨이 여러 개이므로 teeth라고 써요.

(3) 아이가 한 명이므로 child 앞에 a를 써서 a child라고 써요.

(4) 아이들이 세 명이므로 children이라고 써요.

(5) 쥐가 한 마리이므로 mouse 앞에 a를 써서 a mouse라고 써요.

(6) 쥐가 세 마리이므로 mice라고 써요.

기본문제

본문 16쪽

(1) ①   (2) ①   (3) ②   (4) ①   (5) ②   (6) ②
(7) ①   (8) ②   (9) ①   (10) ①   (11) ②   (12) ②

(1) 공이 네 개이므로 ball 끝에 s를 붙인 balls가 알맞아요.

(2) 원숭이가 두 마리이므로 monkey 끝에 s를 붙인 monkeys가 알맞아요.

(3) 달걀이 두 개이므로 egg 끝에 s를 붙인 eggs가 알맞아요.

(4) 토마토가 세 개이므로 tomato 끝에 es를 붙인 tomatoes가 알맞아요.

(5) 남자가 세 명이므로 man의 철자 중에 a를 e로 바꾼 men이 알맞아요.

(6) 이빨이 여러 개이므로 tooth의 철자 중에 o를 e로 바꾼 teeth가 알맞아요.

(7) 아이들이 세 명이므로 child의 마지막 부분을 변화시킨 children이 알맞아요.

(8) 쥐가 세 마리이므로 mouse의 마지막 부분을 변화시킨 mice가 알맞아요.

(9) 오렌지가 세 개이므로 orange 끝에 s를 붙인 oranges가 알맞아요.

(10) 감자가 세 개이므로 potato 끝에 es를 붙인 potatoes가 알맞아요.

(11) 발이 둘이므로 foot의 철자 중에 o를 e로 바꾼 feet가 알맞아요.

(12) 소가 세 마리이므로 ox의 마지막 부분을 변화시킨 oxen이 알맞아요.

실전문제

본문 17쪽

Ⓐ (1) ②   (2) ①   (3) ①   (4) ②   Ⓑ (1) ②
(2) ①   (3) ①   (4) ②   Ⓒ ③   Ⓓ (1) children
(2) monkeys   (3) apples   (4) mice   (5) teeth

Ⓑ

(1) 여자가 두 명이므로 woman의 철자 중에 a를 e로 바꾼 women이 알맞아요.

(2) 토마토가 세 개이므로 tomato 끝에 es를 붙인 tomatoes가 알맞아요.

(3) 아이들이 세 명이므로 child의 마지막 부분을 변화시킨 children이 알맞아요.

(4) 거위가 세 마리이므로 goose의 철자 중에 o를 e로 바꾼 geese가 알맞아요.

Ⓒ

③ egg는 끝에 s를 붙여 복수를 만들어요. 따라서 복수로는 egges가 아니라 eggs가 알맞아요.

Ⓓ

(1) '아이들'은 child의 복수인 children이라고 써요.

(2) '원숭이들'은 monkey의 복수인 monkeys라고 써요.

(3) '사과들'은 apple의 복수인 apples라고 써요.

(4) '쥐들'은 mouse의 복수인 mice라고 써요.

(5) '이빨들'은 tooth의 복수인 teeth라고 써요.

바로! 확인문제 01

본문 18쪽

(1) water (2) bread (3) cheese (4) sugar
(5) juice (6) tea

(1) 물은 일정한 형태가 없기 때문에 셀 수 없으므로 water 라고 써요.

(2) 빵은 덩어리로 이루어져 있기 때문에 셀 수 없으므로 bread라고 써요.

(3) 치즈는 덩어리로 이루어져 있기 때문에 셀 수 없으므로 cheese라고 써요.

(4) 설탕은 크기가 아주 작아서 셀 수 없으므로 sugar라고 써요.

(5) 주스는 일정한 형태가 없기 때문에 셀 수 없으므로 juice라고 써요.

(6) 마시는 차는 일정한 형태가 없기 때문에 셀 수 없으므로 tea라고 써요.

바로! 확인문제 02

본문 19쪽

(1) two, glasses (2) a, glass (3) three, glasses
(4) a, loaf (5) three, slices (6) three, spoonfuls

(1) 물 두 잔이 있으므로 two, glasses라고 써요.

(2) 우유 한 잔이 있으므로 a, glass라고 써요.

(3) 주스 세 잔이 있으므로 three, glasses라고 써요.

(4) 빵 한 덩어리가 있으므로 a, loaf라고 써요.

(5) 치즈 세 장이 있으므로 three, slices라고 써요.

(6) 소금 세 숟가락이 있으므로 three, spoonfuls라고 써요.

기본문제

본문 20쪽

(1) ① (2) ① (3) ② (4) ① (5) ① (6) ②
(7) ① (8) ② (9) ① (10) ① (11) ② (12) ②

(1) 물은 셀 수 없는 명사이므로 water가 알맞아요.

(2) 치즈는 셀 수 없는 명사이므로 cheese가 알맞아요.

(3) 설탕은 셀 수 없는 명사이므로 sugar가 알맞아요.

(4) 마시는 차는 셀 수 없는 명사이므로 tea가 알맞아요.

(5) 버터는 셀 수 없는 명사이므로 butter가 알맞아요.

(6) 초콜릿은 셀 수 없는 명사이므로 chocolate이 알맞아요.

(7) 케이크는 셀 수 없는 명사이므로 케이크 한 조각은

a piece of cake가 알맞아요.

(8) 빵이 두 덩어리 있으므로 단위에 복수를 표시한 two loaves of bread가 알맞아요.

(9) 우유가 한 잔 있으므로 단위 앞에 a를 쓴 a glass of milk가 알맞아요.

(10) 피자가 다섯 조각 있으므로 단위에 s를 붙인 five slices of pizza가 알맞아요.

(11) 커피가 세 잔 있으므로 단위에 s를 붙인 three cups of coffee가 알맞아요.

(12) 후추가 한 숟가락 있으므로 단위 앞에 a를 쓴 a spoonful of pepper가 알맞아요.

실전문제

본문 21쪽

Ⓐ (1) ① (2) ② (3) ① (4) ① Ⓑ (1) ①
(2) ② (3) ② Ⓒ ⑤ Ⓓ (1) four, loaves (2) three, spoonfuls (3) two, slices (4) a, glass (5) two, cups

Ⓑ

(1) 빵은 셀 수 없는 명사이므로 bread가 알맞아요.

(2) 주스는 셀 수 없는 명사이므로 juice가 알맞아요.

(3) 소금이 세 숟가락 있으므로 단위에 s를 붙인 three spoonfuls of salt가 알맞아요.

Ⓒ

⑤ '차 다섯 잔'은 단위에 s를 붙여 five cups of tea로 써야 해요.

Ⓓ

(1) 빵 네 덩어리는 단위 뒤에 s를 붙여 나타내므로 빈칸에는 four, loaves라고 쓰면 돼요.

(2) 설탕 세 숟가락은 단위 뒤에 s를 붙여 나타내므로 빈칸에는 three, spoonfuls라고 쓰면 돼요.

(3) 치즈 두 장은 단위 뒤에 s를 붙여 나타내므로 빈칸에는 two, slices라고 쓰면 돼요.

(4) 우유 한 잔은 단위 앞에 a를 붙여 나타내므로 빈칸에는 a, glass라고 쓰면 돼요.

(5) 차 두 컵은 단위 뒤에 s를 붙여 나타내므로 빈칸에는 two, cups라고 쓰면 돼요.

**혼공
종합문제** 명사 본문 22쪽

1 ④   2 ⑤   3 ④   4 ②   5 ④   6 ②

7 ①, ④   8 tomatos, tomatoes   9 feet   10 five, spoonfuls

11 (1) egg (2) eggs   12 tomatoes

1 셀 수 있는 명사의 단수를 표현할 때 명사 앞에 a 또는 an을 써요. 발음이 자음으로 시작하는 star, dog, cat, book 은 앞에 a를 써요. 발음이 모음으로 시작하는 orange는 앞에 an을 써서 단수로 나타내요.

2 monkey, egg, apple, ball은 철자 끝에 s를 붙여 복수로 나타내지만, potato의 복수는 철자 끝에 es를 붙여 potatoes로 나타내요.

3 women은 woman의 복수형, teeth는 tooth의 복수형, oxen은 ox의 복수형, children은 child의 복수형이지요. mouse는 복수형이 아니라 단수형이고, 복수형은 mice이지요.

4 water, milk, juice는 일정한 모양이 없기 때문에 셀 수 없고, sugar은 너무 작아서 역시 셀 수 없어요. box는 셀 수 있는 명사이지요.

5 salt는 너무 작아서 셀 수 없는 명사이지만 apple, orange, onion, tiger는 셀 수 있는 명사이지요.

6 셀 수 없는 명사는 단위를 이용하여 셀 수 있는데, 복수인 경우는 단위 뒤에 s나 es를 붙여야 해요. 셀 수 없는 명사에는 s나 es를 붙일 수 없어요. 따라서 ②가 올바른 표현이지요. ① cup을 cups로, ③ pizzas를 pizza로, ④ spoonfuls를 spoonful로, ⑤ milks를 milk로 써야 해요.

7 fish, sheep은 단수와 복수의 철자가 똑같은 명사예요.

8 tomato처럼 철자가 '자음+o'로 끝나는 명사의 복수형은 끝에 es를 붙여야 해요. 따라서 tomatoes가 바른 표현이지요.

9 〈보기〉의 man과 men은 단수와 복수의 관계이지요. 따라서 빈칸에는 foot의 복수형인 feet을 써야 해요.

10 제시된 그림은 기름이 있는 다섯 개의 숟가락이므로, 빈칸에는 각각 five, spoonfuls를 써야 해요.

11 (1) 달걀 하나가 있으므로 빈칸에는 단수형인 egg를 써야 해요.
(2) 달걀 두 개가 있으므로 빈칸에는 복수형인 eggs를 써야 해요.

12 토마토 세 개가 있으므로 빈칸에 복수형인 tomatoes를 써야 해요.

**Day
04 대명사 (1)**

**바로!
확인문제
01** 본문 26쪽

(1) this   (2) these   (3) this   (4) these

(1) 가까운 곳에 있는 바나나 한 개를 가리키고 있으므로 지시대명사 this를 써요.

(2) 가까운 곳에 있는 바나나 네 개를 가리키고 있으므로 지시대명사 these를 써요.

(3) 가까운 곳에 있는 한 사람을 가리키고 있으므로 지시대명사 this를 써요.

(4) 가까운 곳에 있는 두 사람을 가리키고 있으므로 지시대명사 these를 써요.

**바로!
확인문제
02** 본문 27쪽

(1) that   (2) those   (3) that   (4) those
(5) that   (6) those

(1) 먼 곳에 있는 빵 한 개를 가리키고 있으므로 지시대명사 that을 써요.

(2) 먼 곳에 있는 자동차 다섯 대를 가리키고 있으므로 지시대명사 those를 써요.

(3) 먼 곳에 있는 한 사람을 가리키고 있으므로 지시대명사 that을 써요.

(4) 먼 곳에 있는 세 사람을 가리키고 있으므로 지시대명사 those를 써요.

(5) 먼 곳에 있는 차 한 대를 가리키고 있으므로 지시대명사 that을 써요.

(6) 먼 곳에 있는 세 사람을 가리키고 있으므로 지시대명사 those를 써요.

기본문제 본문 28쪽

(1) ①   (2) ②   (3) ②   (4) ②   (5) ②   (6) ②
(7) ①   (8) ①   (9) ①   (10) ②   (11) ①   (12) ②

(1) 가까운 곳에 있는 사과 한 개를 가리키고 있으므로 지시대명사 this가 알맞아요.

(2) 가까운 곳에 있는 사과 세 개를 가리키고 있으므로 지시대명사 these가 알맞아요.

(3) 먼 곳에 있는 양파 네 개를 가리키고 있으므로 지시대명사 those가 알맞아요.

(4) 먼 곳에 있는 양파 한 개를 가리키고 있으므로 지시대

명사 that이 알맞아요.

(5) 먼 곳에 있는 차 한 대를 가리키고 있으므로 지시대명사 that이 알맞아요.

(6) 가까운 곳에 있는 바나나 네 개를 가리키고 있으므로 지시대명사 these가 알맞아요.

(7) 먼 곳에 있는 사람 한 명을 가리키고 있으므로 지시대명사 that이 알맞아요.

(8) 가까운 곳에 있는 사람 한 명을 가리키고 있으므로 지시대명사 this가 알맞아요.

(9) 가까운 곳에 있는 사람 한 명을 가리키고 있으므로 지시대명사 this가 알맞아요.

(10) 먼 곳에 있는 사람 세 명을 가리키고 있으므로 지시대명사 those가 알맞아요.

(11) 먼 곳에 있는 오렌지 한 개를 가리키고 있으므로 지시대명사 that이 알맞아요.

(12) 가까운 곳에 있는 사람 세 명을 가리키고 있으므로 지시대명사 these가 알맞아요.

실전문제
본문 29쪽

Ⓐ (1) ② (2) ① (3) ② (4) ② Ⓑ (1) ① (2) ①
(3) ① (4) ② Ⓒ ② Ⓓ (1) this (2) those (3) that
(4) these

Ⓑ

(1) 가까운 곳에 있는 고양이 한 마리를 가리키고 있으므로 지시대명사 this가 알맞아요.

(2) 먼 곳에 있는 차 한 대를 가리키고 있으므로 지시대명사 that이 알맞아요.

(3) 가까운 곳에 있는 바나나 네 개를 가리키고 있으므로 지시대명사 these가 알맞아요.

(4) 먼 곳에 있는 호랑이 한 마리를 가리키고 있으므로 지시대명사 that이 알맞아요.

Ⓒ

대명사는 명사를 대신해서 쓰는 말로 this, these, that, those가 있어요. ② 마시는 '차'를 뜻하는 tea는 대명사가 아닌 명사이지요.

Ⓓ

(1) 우리말 '이것'에 알맞은 지시대명사는 this이지요.

(2) 우리말 '저것들'에 알맞은 지시대명사는 those이지요.

(3) 우리말 '저것'에 알맞은 지시대명사는 that이지요.

(4) 우리말 '이것들'에 알맞은 지시대명사는 these이지요.

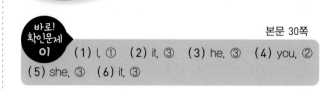

Day 05 대명사 (2)

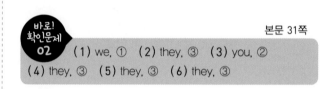

바로! 확인문제 01
본문 30쪽
(1) I, ① (2) it, ③ (3) he, ③ (4) you, ②
(5) she, ③ (6) it, ③

(1) I(나는)는 1인칭 단수 주격대명사이지요.

(2) it(꽃병)은 3인칭 단수 주격대명사이지요.

(3) he(그는)는 3인칭 단수 주격대명사이지요.

(4) you(너는)는 2인칭 단수 주격대명사이지요.

(5) she(그녀는)는 3인칭 단수 주격대명사이지요.

(6) it(책)은 3인칭 단수 주격대명사이지요.

바로! 확인문제 02
본문 31쪽
(1) we, ① (2) they, ③ (3) you, ②
(4) they, ③ (5) they, ③ (6) they, ③

(1) we(우리는)는 나를 포함한 둘 이상을 나타내는 1인칭 복수 주격대명사이지요.

(2) they(그것들은)는 둘 이상을 나타내는 3인칭 복수 주격대명사이지요.

(3) you(너희들은)는 너를 포함한 둘 이상을 나타내는 2인칭 복수 주격대명사이지요.

(4) they(그들은)는 둘 이상을 나타내는 3인칭 복수 주격대명사이지요.

(5) they(그들은)는 둘 이상을 나타내는 3인칭 복수 주격대명사이지요.

(6) they(그들은)는 둘 이상을 나타내는 3인칭 복수 주격대명사이지요.

기본문제
본문 32쪽

(1) ① (2) ① (3) ② (4) ② (5) ② (6) ①
(7) ① (8) ② (9) ② (10) ① (11) ② (12) ①

(1) '나'를 뜻하는 우리말 주격대명사는 '나는'이 알맞아요.

(2) '너'를 뜻하는 우리말 주격대명사는 '너는'이 알맞아요.

(3) '여러 개의 사물'을 뜻하는 우리말 주격대명사는 '그것들은'이 알맞아요.

(4) 여자 아이를 뜻하는 '그녀는'은 주격대명사 she가 알맞아요.

(5) '너를 포함한 둘 이상'을 뜻하는 주격대명사는 you가

알맞아요.

(6) '여러 개의 사물'을 뜻하는 복수 주격대명사는 they가 알맞아요.

(7) I(나는)는 1인칭 단수 주격대명사이지요.

(8) it(모자)은 3인칭 주격대명사이지요.

(9) they(그들은)는 둘 이상을 나타내는 3인칭 복수 주격대명사이지요.

(10) we(우리는)는 나를 포함한 둘 이상을 나타내는 1인칭 복수 주격대명사이지요.

(11) it(우산)은 3인칭 주격대명사이지요.

(12) you(너는)는 2인칭 단수 주격대명사이지요.

실전문제

본문 33쪽

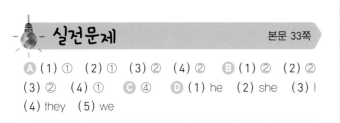

A (1) ① (2) ① (3) ② (4) ② B (1) ② (2) ② (3) ② (4) ① C ④ D (1) he (2) she (3) I (4) they (5) we

B

(1) 학생이 두 명이므로 '그들은'을 뜻하는 복수 주격대명사 they가 알맞아요.

(2) 남자 한 명을 뜻하는 '그는'은 단수 주격대명사 he가 알맞아요.

(3) 사과 한 개를 뜻하는 '그것은'은 단수 주격대명사 it이 알맞아요.

(4) '너는'은 단수 주격대명사 you가 알맞아요.

C

3인칭 주격대명사에는 he, she, it, they가 있어요. ④ you는 2인칭 주격대명사이지요.

D

(1) 우리말 '그는'에 알맞은 주격대명사는 he이지요.

(2) 우리말 '그녀는'에 알맞은 주격대명사는 she이지요.

(3) 우리말 '나는'에 알맞은 주격대명사는 I이지요.

(4) 우리말 '그것들은'에 알맞은 주격대명사는 they이지요.

(5) 우리말 '우리는'에 알맞은 주격대명사는 we이지요.

Day 06 대명사 (3)

바로! 확인문제 01

본문 34쪽

(1) ② (2) ① (3) ② (4) ② (5) ② (6) ①

(1) '나의'를 뜻하는 소유격대명사는 my이지요.

(2) '그의'를 뜻하는 소유격대명사는 his이지요.

(3) '그녀의'를 뜻하는 소유격대명사는 her이지요.

(4) '그녀의'를 뜻하는 소유격대명사는 her이지요.

(5) '그의'를 뜻하는 소유격대명사는 his이지요.

(6) '그것의'를 뜻하는 소유격대명사는 its이지요.

바로! 확인문제 02

본문 35쪽

(1) ① (2) ② (3) ① (4) ① (5) ② (6) ①

(1) '우리들의'를 뜻하는 복수 소유격대명사는 our이지요.

(2) '너희들의'를 뜻하는 복수 소유격대명사는 your이지요.

(3) '그것들의'를 뜻하는 복수 소유격대명사는 their이지요.

(4) '우리들의'를 뜻하는 복수 소유격대명사는 our이지요.

(5) '너의'를 뜻하는 단수 소유격대명사는 your이지요.

(6) '그것들의'를 뜻하는 복수 소유격대명사는 their이지요.

기본문제

본문 36쪽

(1) ① (2) ① (3) ② (4) ② (5) ② (6) ① (7) ① (8) ② (9) ② (10) ② (11) ② (12) ①

(1) 인형은 나의 것이므로 '나의'가 알맞아요.

(2) 가방은 남자의 것이므로 '그의'가 알맞아요.

(3) 장바구니는 여자의 것이므로 '그녀의'가 알맞아요.

(4) 자전거는 여자의 것이므로 소유격대명사 her가 알맞아요.

(5) 핸드폰은 남자의 것이므로 소유격대명사 his가 알맞아요.

(6) 도넛은 나의 것이므로 소유격대명사 my가 알맞아요.

(7) 버스는 너희들의 것이므로 소유격대명사 your가 알맞아요.

(8) 빌딩은 '그들의 것'이므로 3인칭이 알맞아요.

(9) 공은 '개들의 것'이므로 3인칭이 알맞아요.

(10) 생선은 '고양이들의 것'이므로 3인칭이 알맞아요.

(11) 뼈다귀는 '개의 것'이므로 3인칭이 알맞아요.

(12) 트로피는 '우리의 것'이므로 1인칭이 알맞아요.

실전문제

본문 37쪽

Ⓐ (1) ② (2) ① (3) ② (4) ① Ⓑ (1) ② (2) ①
(3) ① (4) ① Ⓒ ⑤ Ⓓ (1) my (2) your (3) her
(4) their (5) our

Ⓑ

(1) '나의'를 뜻하는 소유격대명사가 와야 하므로 my가 알
맞아요.

(2) '너의'를 뜻하는 소유격대명사가 와야 하므로 your가
알맞아요.

(3) '그의'를 뜻하는 소유격대명사가 와야 하므로 his가 알
맞아요.

(4) '그것의'를 뜻하는 소유격대명사가 와야 하므로 its가
알맞아요.

Ⓒ

⑤ it은 '그것은'을 뜻하는 3인칭 주격대명사이고 나머지는
모두 소유격대명사이지요.

Ⓓ

(1) 우리말 '나의'에 알맞은 소유격대명사는 my이지요.

(2) 우리말 '네(너의)'에 알맞은 소유격대명사는 your이지요.

(3) 우리말 '그녀의'에 알맞은 소유격대명사는 her이지요.

(4) 우리말 '그들의'에 알맞은 소유격대명사는 their이지요.

(5) 우리말 '우리들의'에 알맞은 소유격대명사는 our이지요.

Day 07 대명사 (4)

바로! 확인문제 01

본문 38쪽

(1) ① (2) ② (3) ① (4) ② (5) ② (6) ①

(1) '나를'을 뜻하는 목적격대명사는 me이지요.

(2) '그녀를'을 뜻하는 목적격대명사는 her이지요.

(3) '그것을'을 뜻하는 목적격대명사는 it이지요.

(4) '너를'을 뜻하는 목적격대명사는 you이지요.

(5) '그를'을 뜻하는 목적격대명사는 him이지요.

(6) '그것을'을 뜻하는 목적격대명사는 it이지요.

바로! 확인문제 02

본문 39쪽

(1) 복수 (2) 목적격 (3) 주격 (4) my
(5) our (6) you (7) their

(1) 대명사에는 단수 대명사와 복수 대명사가 있어요.

(2) '~을(를)'이라는 의미로 쓰이는 대명사를 목적격대명
사라고 해요.

(3) '~은(는)'이라는 의미로 쓰이는 대명사를 주격대명사
라고 해요.

(4) '나의'를 뜻하는 소유격대명사는 my이지요.

(5) '우리들의'를 뜻하는 소유격대명사는 our이지요.

(6) '너를'을 뜻하는 목적격대명사는 you이지요.

(7) '그들의, 그것들의'를 뜻하는 소유격대명사는 their이지
요.

기본문제

본문 40쪽

(1) ① (2) ① (3) ② (4) ① (5) ① (6) ②
(7) ② (8) ② (9) ① (10) ② (11) ① (12) ①

(1) '나'에 해당하는 목적격대명사는 '나를'이지요.

(2) '우리들'에 해당하는 목적격대명사는 '우리들을'이지요.

(3) '너'에 해당하는 목적격대명사는 '너를'이지요.

(4) '너희들'에 해당하는 목적격대명사는 '너희들을'이지요.

(5) '그녀'에 해당하는 목적격대명사는 '그녀를'이지요.

(6) 여러 명이므로 '그들을'에 해당하는 복수 목적격대명
사는 them이지요.

(7) '그것(책)을'에 해당하는 목적격대명사는 it이지요.

(8) '그녀를'에 해당하는 목적격대명사는 her이지요.

(9) '너희들을'에 해당하는 목적격대명사는 you이지요.

(10) 버스가 여러 대이므로 '그것들을'에 해당하는 복수 목적격대명사는 them이지요.

(11) '그를'에 해당하는 목적격대명사는 him이지요.

(12) '우리들을'에 해당하는 목적격대명사는 us이지요.

실전문제
본문 41쪽

Ⓐ (1) ② (2) ② (3) ① (4) ② Ⓑ (1) ① (2) ①
(3) ② (4) ① Ⓒ ① Ⓓ (1) me (2) him (3) it
(4) us (5) them

Ⓑ

(1) '나를'을 뜻하는 목적격대명사가 와야 하므로 me가 알맞아요.

(2) '그를'을 뜻하는 목적격대명사가 와야 하므로 him이 알맞아요.

(3) '그것을'을 뜻하는 목적격대명사가 와야 하므로 it이 알맞아요.

(4) '그들을'을 뜻하는 목적격대명사가 와야 하므로 them이 알맞아요.

Ⓒ

① we는 '우리는'을 뜻하는 1인칭 복수 주격대명사이지요.

Ⓓ

(1) 우리말 '나를'에 알맞은 목적격대명사는 me이지요.

(2) 우리말 '그를'에 알맞은 목적격대명사는 him이지요.

(3) 우리말 '그것을'에 알맞은 목적격대명사는 it이지요.

(4) 우리말 '우리들을'에 알맞은 목적격대명사는 us이지요.

(5) 우리말 '그들을'에 알맞은 목적격대명사는 them이지요.

혼공 종합문제 대명사
본문 42쪽

1 ③ 2 ⑤ 3 ③ 4 ① 5 ① 6 ② 7 ②, ⑤
8 him car, his car 9 them 10 our 11 that 12 these

1 지시대명사에는 this, that, these, those가 있어요. table은 '탁자'를 의미하는 명사이지요.

2 you는 2인칭 대명사이지요. I는 1인칭, it, he, she는 3인칭 대명사이지요.

3 it, he, she 그리고 they는 모두 3인칭 대명사이고, we는 1인칭 대명사이지요.

4 its, my, our, their는 소유격대명사이지만 he는 주격대명사이지요.

5 us는 목적격대명사이지만 his, its, my, their는 소유격대명사이지요.

6 my는 소유격대명사로 단수이지요. we는 주격대명사로 복수, our는 소유격대명사로 복수, they는 주격대명사로 복수, them은 목적격대명사로 복수이지요.

7 we는 1인칭 주격대명사의 복수이고 us는 1인칭 목적격대명사의 복수이지요. 하지만 his와 her는 3인칭 소유격대명사의 단수이고, your는 2인칭 소유격대명사의 복수이지요.

8 〈보기〉의 표현들은 모두 '소유격대명사 + 명사'로 소유의 의미를 나타내고 있어요. '그의 자동차'를 표현하기 위해선 명사 car 앞에 소유격대명사를 써야 해요. him은 목적격대명사이므로 him대신 소유격대명사인 his를 써야 해요.

9 〈보기〉의 I - my - me는 '주격 - 소유격 - 목적격'대명사의 관계를 나타내고 있어요. 따라서 빈칸에는 목적격대명사인 them을 써야 해요.

10 '우리들의 건물'은 영어로 '소유격대명사＋명사'의 형태로 표현하는데, 빈칸에는 '우리들의'에 해당하는 소유격대명사인 our를 써야 해요.

11 멀리 있는 아이스크림 하나를 가리키고 있으므로, 빈칸에는 먼 곳에 있는 것을 가리키는 지시대명사 that을 써야 해요.

12 가까이 있는 두 사람을 가리키고 있으므로 빈칸에는 가까운 곳에 있는 여러 사람을 가리키는 지시대명사 these를 써야 해요.

Day 08 be동사 (1)

바로! 확인문제 01 본문 46쪽

(1) ① (2) ② (3) ② (4) ① (5) ① (6) ①

(1) 주격대명사 I 다음에 오는 be동사는 am이지요.

(2) 주격대명사 You 다음에 오는 be동사는 are이지요.

(3) 주격대명사 We 다음에 오는 be동사는 are이지요.

(4) 주격대명사 She 다음에 오는 be동사는 is이지요.

(5) Tom과 Jenny는 둘 이상의 복수이므로 뒤에 오는 be동사는 are이지요.

(6) 주격대명사 It 뒤에 오는 be동사는 is이지요.

바로! 확인문제 02 본문 47쪽

(1) ① (2) ① (3) ① (4) ② (5) ② (6) ①

(1) be동사 뒤에 명사 a girl이 왔으므로 '~이다'라는 뜻으로 쓰였어요.

(2) be동사 뒤에 형용사 angry가 왔으므로 '~하다'라는 뜻으로 쓰였어요.

(3) be동사 뒤에 형용사 sad가 왔으므로 '~하다'라는 뜻으로 쓰였어요.

(4) be동사 뒤에 장소를 나타내는 '구' in his room이 왔으므로 '~에 있다'라는 뜻으로 쓰였어요.

(5) be동사 뒤에 장소를 나타내는 '구' in the park가 왔으므로 '~에 있다'라는 뜻으로 쓰였어요.

(6) be동사 뒤에 형용사 thirsty가 왔으므로 '~하다'라는 뜻으로 쓰였어요.

기본문제
본문 48쪽

Ⓐ (1) he, ② (2) I, ① (3) she, ② (4) they, ③ (5) we, ③ (6) it, ② (7) they, ③ (8) it, ② Ⓑ (1) is, girl (2) He, is (3) is, park (4) Mom, is, kitchen

Ⓐ

(1) '그는'을 뜻하는 주격대명사 he와 함께 쓰이는 be동사는 is이지요.

(2) '나는'을 뜻하는 주격대명사 I와 함께 쓰이는 be동사는 am이지요.

(3) '그녀는'을 뜻하는 주격대명사 she와 함께 쓰이는 be동사는 is이지요.

(4) '그들은'을 뜻하는 주격대명사 they와 함께 쓰이는 be동사는 are이지요.

(5) '우리들은'을 뜻하는 주격대명사 we와 함께 쓰이는 be동사는 are이지요.

(6) '그것은'을 뜻하는 주격대명사 it와 함께 쓰이는 be동사는 is이지요.

(7) '그것들은'을 뜻하는 주격대명사 they와 함께 쓰이는 be동사는 are이지요.

(8) '그것은'을 뜻하는 주격대명사 it와 함께 쓰이는 be동사는 is이지요.

Ⓑ

(1) 주격대명사 She와 어울리는 be동사 is와 '소녀'를 뜻하는 명사 girl을 빈칸에 쓰면 돼요.

(2) '그는'을 뜻하는 주격대명사 He와 함께 쓰이는 be동사 is를 빈칸에 쓰면 돼요.

(3) '아빠'를 뜻하는 3인칭 단수인 Dad에 어울리는 be동사 is와 '공원'을 뜻하는 park를 빈칸에 쓰면 돼요.

(4) '엄마'를 뜻하는 명사 Mom과 함께 쓰이는 be동사 is, 그리고 '부엌'을 뜻하는 kitchen을 빈칸에 쓰면 돼요.

실전문제
본문 49쪽

Ⓐ (1) ① (2) ② (3) ① (4) ② Ⓑ (1) She is a girl. (2) He is sad. (3) Dad is in the park. (4) Mom is in the kitchen. Ⓒ ① Ⓓ (1) am (2) am (3) is (4) are (5) are

Ⓑ

(1) 주격대명사 She를 가장 먼저 쓰고, She와 함께 쓰이는 be동사 is를 쓰고, 마지막으로 명사 a girl를 쓰면 돼요.

(2) 주격대명사 He를 가장 먼저 쓰고, He와 함께 쓰이는 be동사 is를 쓰고, 마지막으로 형용사 sad를 쓰면 돼요.

(3) '아빠'를 뜻하는 명사 Dad를 가장 먼저 쓰고, 3인칭 단수인 Dad와 함께 쓰이는 be동사 is를 쓰고, 마지막으로 장소를 나타내는 '구'인 in the park를 쓰면 돼요.

(4) '엄마'를 뜻하는 명사 Mom을 가장 먼저 쓰고, 3인칭 단수인 Mom과 함께 쓰이는 be동사 is를 쓰고, 마지막으로 장소를 나타내는 '구'인 in the kitchen을 쓰면 돼요.

Ⓒ

We, They, Tom and Jenny처럼 둘 이상의 복수와 어울리는 be동사는 are이지요. 주격대명사 You와 어울리는 be동사도 are이지요. 하지만 ① He와 어울리는 be동사는 is이지요.

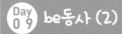

왼쪽 단 (D)

(1) 주격대명사 I와 어울리는 be동사는 am이므로 is를 am으로 고쳐야 해요. 해석은 '나는 학생이다.'이지요.

(2) 주격대명사 I와 어울리는 be동사는 am이므로 are를 am으로 고쳐야 해요. 해석은 '나는 행복하다.'이지요.

(3) 주격대명사 She와 어울리는 be동사는 is이므로 am을 is로 고쳐야 해요. 해석은 '그녀는 선생님이다.'이지요.

(4) 주격대명사 They와 어울리는 be동사는 are이므로 is를 are로 고쳐야 해요. 해석은 '그들은 슬프다.'이지요.

(5) Tom and I는 복수이므로 어울리는 be동사는 are이지요. 따라서 am을 are로 고쳐야 해요. 해석은 'Tom과 나는 방에 있다.'이지요.

Day 09 be동사 (2)

본문 50쪽

바로! 확인문제 01 (1) ① (2) ② (3) ① (4) ② (5) ② (6) ②

(1) 단수 주격대명사 I와 어울리는 be동사의 과거형은 was이지요.

(2) 주격대명사 You(너는, 너희들은)는 단수이든 복수이든 상관없이 어울리는 be동사의 과거형은 were이지요.

(3) 단수 주격대명사 He와 어울리는 be동사의 과거형은 was이지요.

(4) 복수 주격대명사 We와 어울리는 be동사의 과거형은 were이지요.

(5) 주격대명사 You(너는, 너희들은)는 단수이든 복수이든 상관없이 어울리는 be동사의 과거형은 were이지요.

(6) Tom and Jenny는 복수이므로 어울리는 be동사의 과거형은 were이지요.

바로! 확인문제 02 (1) ① (2) ① (3) ② (4) ② (5) ② (6) ②

본문 51쪽

(1) be동사의 과거형 다음에 명사 a teacher가 왔으므로 '~이었다'라는 뜻으로 쓰였어요.

(2) be동사의 과거형 다음에 명사 a pencil이 왔으므로 '~이었다'라는 뜻으로 쓰였어요.

(3) be동사의 과거형 다음에 형용사 brave가 왔으므로 '~했다'라는 뜻으로 쓰였어요.

(4) be동사의 과거형 다음에 장소를 나타내는 '구' in her room이 왔으므로 '~에 있었다'라는 뜻으로 쓰였어요.

(5) be동사의 과거형 다음에 장소를 나타내는 '구' in the kitchen이 왔으므로 '~에 있었다'라는 뜻으로 쓰였어요.

(6) be동사의 과거형 다음에 형용사 happy가 왔으므로 '~했다'라는 뜻으로 쓰였어요.

기본문제

본문 52쪽

Ⓐ (1) I, ① (2) they, ② (3) it, ① (4) he, ① (5) you, ② (6) they, ② (7) we, ② (8) she, ① Ⓑ (1) was, teacher (2) were, happy (3) was, in (4) We, were

Ⓐ

(1) '나는'을 뜻하는 주격대명사 I와 함께 쓰이는 be동사의 과거형은 was이지요.

(2) '그들은'을 뜻하는 주격대명사 they와 함께 쓰이는 be동사의 과거형은 were이지요.

(3) '그것은'을 뜻하는 주격대명사 it와 함께 쓰이는 be동사의 과거형은 was이지요.

(4) '그는'을 뜻하는 주격대명사 he와 함께 쓰이는 be동사의 과거형은 was이지요.

(5) '너희들은'을 뜻하는 주격대명사 you와 함께 쓰이는 be동사의 과거형은 were이지요.

(6) '그것들은'을 뜻하는 주격대명사 they와 함께 쓰이는 be동사의 과거형은 were이지요.

(7) '우리들은'을 뜻하는 주격대명사 we와 함께 쓰이는 be동사의 과거형은 were이지요.

(8) '그녀는'을 뜻하는 주격대명사 she와 함께 쓰이는 be동사의 과거형은 was이지요.

Ⓑ

(1) 주격대명사 She에 어울리는 be동사의 과거형 was와 '선생님'을 뜻하는 명사 teacher를 빈칸에 쓰면 돼요.

(2) 주격대명사 They에 어울리는 be동사의 과거형 were와 '행복한'을 뜻하는 형용사 happy를 빈칸에 쓰면 돼요.

(3) Mom에 어울리는 be동사의 과거형 was와 '부엌에'라는 장소를 나타내는 '구'를 표현할 때 사용하는 in을 빈칸에 쓰면 돼요.

(4) '우리들은'을 뜻하는 주격대명사 We와 어울리는 be동사의 과거형 were를 빈칸에 쓰면 돼요.

🔔 실전문제   본문 53쪽

Ⓐ (1) ① (2) ② (3) ① (4) ①   Ⓑ (1) She was a teacher. (2) They were happy. (3) Mom was in the kitchen. (4) We were students.   Ⓒ ⑤   Ⓓ (1) was (2) were (3) was (4) were (5) were

Ⓑ

(1) 주격대명사 She를 가장 먼저 쓰고, She와 함께 쓰이는 be동사의 과거형 was를 쓰고, 마지막으로 명사 a teacher를 쓰면 돼요.

(2) 주격대명사 They를 가장 먼저 쓰고, They와 함께 쓰이는 be동사의 과거형 were를 쓰고, 마지막으로 형용사 happy를 쓰면 돼요.

(3) '엄마'를 뜻하는 명사 Mom을 가장 먼저 쓰고, Mom과 함께 쓰이는 be동사의 과거형 was를 쓰고, 마지막으로 장소를 나타내는 '구' in the kitchen을 쓰면 돼요.

(4) 주격대명사 We를 가장 먼저 쓰고, We와 함께 쓰이는 be동사의 과거형 were를 쓰고, 마지막으로 명사 students를 쓰면 돼요.

Ⓒ

I, He, It, She는 모두 단수 주격대명사로서 어울리는 be동사의 과거형은 was이지요. ⑤ You는 단수이든 복수이든 상관없이 어울리는 be동사의 과거형은 were이지요.

Ⓓ

(1) 주격대명사 I와 어울리는 be동사의 과거형은 was이므로 were를 was로 고쳐야 해요. 해석은 '나는 행복했다.'이지요.

(2) 주격대명사 You와 어울리는 be동사의 과거형은 were이므로 was를 were로 고쳐야 해요. 해석은 '너는 선생님이었다.'이지요.

(3) 주격대명사 She와 어울리는 be동사의 과거형은 was이므로 were를 was로 고쳐야 해요. 해석은 '그녀는 슬펐다.'이지요.

(4) 주격대명사 They와 어울리는 be동사의 과거형은 were이므로 was를 were로 고쳐야 해요. 해석은 '그들은 화장실에 있었다.'이지요.

(5) Tom and Jenny는 복수이므로 어울리는 be동사의 과거형은 were이지요. 따라서 was를 were로 고쳐야 해요. 해석은 'Tom과 Jenny는 공원에 있었다.'이지요.

Day 10 be동사 (3)

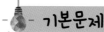

바로! 확인문제 01　(1) ①　(2) ②　(3) ①　(4) ①　(5) ②　(6) ①

(1) 주격대명사 I와 어울리는 be동사의 현재형 부정 표현은 am not이지요.

(2) 주격대명사 She와 어울리는 be동사의 현재형 부정 표현은 is not이지요.

(3) 주격대명사 We와 어울리는 be동사의 현재형 부정 표현은 are not이지요.

(4) 주격대명사 I와 어울리는 be동사의 현재형 부정 표현은 am not이지요.

(5) 주격대명사 It와 어울리는 be동사의 현재형 부정 표현은 is not이지요. 줄여서 isn't로 쓸 수 있어요.

(6) 주격대명사 You와 어울리는 be동사의 현재형 부정 표현은 are not이지요. 줄여서 aren't로 쓸 수 있어요.

바로! 확인문제 02　(1) ②　(2) ②　(3) ②　(4) ①　(5) ②　(6) ②　(7) ①　(8) ①

(1) 주격대명사 I와 어울리는 be동사의 과거형 부정 표현은 was not이지요.

(2) 주격대명사 She와 어울리는 be동사의 과거형 부정 표현은 was not이지요.

(3) 주격대명사 We와 어울리는 be동사의 과거형 부정 표현은 were not이지요.

(4) 주격대명사 I와 어울리는 be동사의 과거형 부정 표현은 was not이지요.

(5) 주격대명사 You와 어울리는 be동사의 과거형 부정 표현은 were not이지요.

(6) 주격대명사 They와 어울리는 be동사의 과거형 부정 표현은 were not이지요.

(7) 주격대명사 It와 어울리는 be동사의 과거형 부정 표현은 was not이지요. 줄여서 wasn't로 쓸 수 있어요.

(8) 주격대명사 He와 어울리는 be동사의 과거형 부정 표현은 was not이지요. 줄여서 wasn't로 쓸 수 있어요.

---

(1) are, not　(2) were, not　(3) is, not　(4) was, not
(5) is, not　(6) was, not　(7) am, not　(8) was, not
(9) aren't　(10) weren't　(11) isn't　(12) wasn't
(13) isn't　(14) wasn't　(15) isn't　(16) wasn't

---

(1) 주격대명사 You와 어울리는 be동사의 현재형 부정 표현인 are, not을 빈칸에 쓰면 돼요.

(2) 주격대명사 You와 어울리는 be동사의 과거형 부정 표현인 were, not을 빈칸에 쓰면 돼요.

(3) 단수인 Mom과 어울리는 be동사의 현재형 부정 표현인 is, not을 빈칸에 쓰면 돼요.

(4) 단수인 Mom과 어울리는 be동사의 과거형 부정 표현인 was, not을 빈칸에 쓰면 돼요.

(5) 주격대명사 It와 어울리는 be동사의 현재형 부정 표현인 is, not을 빈칸에 쓰면 돼요.

(6) 주격대명사 It와 어울리는 be동사의 과거형 부정 표현인 was, not을 빈칸에 쓰면 돼요.

(7) 주격대명사 I와 어울리는 be동사의 현재형 부정 표현인 am, not을 빈칸에 쓰면 돼요.

(8) 주격대명사 I와 어울리는 be동사의 과거형 부정 표현인 was, not을 빈칸에 쓰면 돼요.

(9) 주격대명사 They와 어울리는 be동사의 현재형 부정 표현은 are not을 빈칸에 쓰면 되는데, 빈칸이 하나이므로 are not을 줄여서 aren't를 쓰면 돼요.

(10) 주격대명사 They와 어울리는 be동사의 과거형 부정 표현인 were not을 빈칸에 쓰면 되는데, 빈칸이 하나이므로 were not을 줄여서 weren't를 쓰면 돼요.

(11) 주격대명사 She와 어울리는 be동사의 현재형 부정 표현인 is not을 빈칸에 쓰면 되는데, 빈칸이 하나이므로 is not을 줄여서 isn't를 쓰면 돼요.

(12) 주격대명사 She와 어울리는 be동사의 과거형 부정 표현인 was not을 빈칸에 쓰면 되는데, 빈칸이 하나이므로 was not을 줄여서 wasn't를 쓰면 돼요.

(13) 단수인 Dad와 어울리는 be동사의 현재형 부정 표현인 is not을 빈칸에 쓰면 되는데, 빈칸이 하나이므로 is not을 줄여서 isn't를 쓰면 돼요.

(14) 단수인 Dad와 어울리는 be동사의 과거형 부정 표현인 was not을 빈칸에 쓰면 되는데, 빈칸이 하나이므로 was not을 줄여서 wasn't를 쓰면 돼요.

(15) 주격대명사 He와 어울리는 be동사의 현재형 부정 표현인 is not을 빈칸에 쓰면 되는데, 빈칸이 하나이므로 is not을 줄여서 isn't를 쓰면 돼요.

(16) 주격대명사 He와 어울리는 be동사의 과거형 부정 표현인 was not을 빈칸에 쓰면 되는데, 빈칸이 하나이므로 was not을 줄여서 wasn't를 쓰면 돼요.

Ⓐ (1) ②　(2) ②　(3) ①　(4) ①　Ⓑ (1) I am not happy.　(2) You are not a student.　(3) Mom was not in the kitchen.　(4) They were not brave.　Ⓒ ⑤　Ⓓ (1) am not　(2) are not(aren't)　(3) is not(isn't)　(4) were not(weren't)　(5) was not(wasn't)

Ⓑ

(1) 주격대명사 I를 가장 먼저 쓰고, I와 함께 쓰이는 be동사 am을 두 번째, be동사를 부정하는 not을 세 번째, 마지막으로 형용사 happy를 쓰면 돼요.

(2) 주격대명사 You를 가장 먼저 쓰고, you와 함께 쓰이는 be동사 are를 두 번째, be동사를 부정하는 not을 세 번째, 마지막으로 명사 a student를 쓰면 돼요.

(3) '엄마'를 뜻하는 명사 Mom을 가장 먼저 쓰고, Mom과 함께 쓰이는 be동사 was를 두 번째, be동사를 부정하는 not을 세 번째, 마지막으로 장소를 나타내는 '구' in the kitchen을 쓰면 돼요.

(4) 주격대명사 They를 가장 먼저 쓰고, They와 함께 쓰이는 be동사 were를 두 번째, be동사를 부정하는 not을 세 번째, 마지막으로 형용사 brave를 쓰면 돼요.

Ⓒ

⑤ 1인칭 주격대명사와 어울리는 be동사 am의 부정 표현은 am not인데 am not은 줄여 쓸 수가 없어요.

Ⓓ

(1) be동사를 부정할 때에는 be동사 뒤에 not을 써야 하므로 not am은 am not으로 고쳐야 해요. 해석은 '나는 행복하지 않다.'이지요.

(2) 주격대명사 You와 함께 쓰는 be동사의 현재형은 are이고 부정은 뒤에 not을 써야 하므로, is not은 are not으로 고쳐야 하고 줄여서 aren't로 써도 돼요. 해석은 '너는 요리사가 아니다.'이지요.

(3) 주격대명사 She와 함께 쓰는 be동사의 현재형은 is이고 부정은 뒤에 not을 써야 하므로, am not은 is not으로 고쳐야 하고 줄여서 isn't로 써도 돼요. 해석은 '그녀는 목마르지 않다.'이지요.

(4) 주격대명사 They와 함께 쓰는 be동사의 과거형은 were이고 부정은 뒤에 not을 써야 하므로, not were는 were not으로 고쳐야 하고 줄여서 weren't로 써도 돼요. 해석은 '그들은 공원에 있지 않았다.'이지요.

(5) 주격대명사 It와 함께 쓰는 be동사의 과거형은 was이고 부정은 뒤에 not을 써야 하므로, not was는 was not으로 고쳐야 하고 줄여서 wasn't로 써도 돼요. 해석은 '그것은 연필이 아니었다.'이지요.

Day 11 be동사 (4)

바로! 확인문제 01　　　본문 58쪽

(1) Is, he　(2) Are, you　(3) Is, she　(4) Is, this　(5) Are, you　(6) Is, he　(7) Is, this　(8) Are, you

(1) 현재 의문문이기 때문에 주격대명사 he와 be동사의 현재형 is의 위치를 바꾸어 is를 먼저 쓰고 he를 써야 해요.

(2) 현재 의문문이기 때문에 주격대명사 you와 be동사의 현재형 are의 위치를 바꾸어 are를 먼저 쓰고 you를 써야 해요.

(3) 현재 의문문이기 때문에 주격대명사 she와 be동사의 현재형 is의 위치를 바꾸어 is를 먼저 쓰고 she를 써야 해요.

(4) 현재 의문문이기 때문에 지시대명사 this와 be동사의 현재형 is의 위치를 바꾸어 is를 먼저 쓰고 this를 써야 해요.

(5) 현재 의문문이기 때문에 주격대명사 you와 be동사의 현재형 are의 위치를 바꾸어 are를 먼저 쓰고 you를 써야 해요.

(6) 현재 의문문이기 때문에 주격대명사 he와 be동사의 현재형 is의 위치를 바꾸어 is를 먼저 쓰고 he를 써야 해요.

(7) 현재 의문문이기 때문에 지시대명사 this와 be동사의 현재형 is의 위치를 바꾸어 is를 먼저 쓰고 this를 써야 해요.

(8) 현재 의문문이기 때문에 주격대명사 you와 be동사의 현재형 are의 위치를 바꾸어 are를 먼저 쓰고 you를 써야 해요.

바로! 확인문제 02　　　본문 59쪽

(1) Were, you　(2) Was, he　(3) Was, Minho　(4) Were, you　(5) Was, this　(6) Were, they　(7) Were, you　(8) Were, you

(1) 과거 의문문이기 때문에 주격대명사 you와 be동사의 과거형 were의 위치를 바꾸어 were를 먼저 쓰고 you를 써야 해요.

(2) 과거 의문문이기 때문에 주격대명사 he와 be동사의 과거형 was의 위치를 바꾸어 was를 먼저 쓰고 he를 써야 해요.

(3) 과거 의문문이기 때문에 주어 Minho와 be동사의 과거형 was의 위치를 바꾸어 was를 먼저 쓰고 Minho를 써야 해요.

(4) 과거 의문문이기 때문에 주격대명사 you와 be동사의 과거형 were의 위치를 바꾸어 were를 먼저 쓰고 you를 써야 해요.

(5) 과거 의문문이기 때문에 지시대명사 this와 be동사의 과거형 was의 위치를 바꾸어 was를 먼저 쓰고 this를 써야

해요.

(6) 과거 의문문이기 때문에 주격대명사 they와 be동사의 과거형 were의 위치를 바꾸어 were를 먼저 쓰고 they를 써야 해요.

(7) 과거 의문문이기 때문에 주격대명사 you와 be동사의 과거형 were의 위치를 바꾸어 were를 먼저 쓰고 you를 써야 해요.

(8) 과거 의문문이기 때문에 주격대명사 you와 be동사의 과거형 were의 위치를 바꾸어 were를 먼저 쓰고 you를 써야 해요.

기본문제 본문 60쪽

(1) Are, you, ①　(2) Were, you, ②　(3) Is, she, ①
(4) Was, she, ①　(5) Are, they, ②　(6) Were, they, ①
(7) Is, this, ②　(8) Was, this, ②　(9) Is, Tom, ①
(10) Was, Tom, ①　(11) Are, you, ②　(12) Were, you, ②

(1) 현재 상황을 물어보는 현재 의문문이기 때문에 주격대명사 you와 어울리는 be동사 are의 위치를 바꾸어 써야 해요. 그리고 내가 배가 고픈지 아닌지를 대답해야 하므로 주격대명사는 I, 어울리는 be동사는 am이 와야 해요.

(2) 과거 상황을 물어보는 과거 의문문이기 때문에 주격대명사 you와 어울리는 be동사 were의 위치를 바꾸어 써야 해요. 그리고 내가 배가 고팠는지 아니었는지를 대답해야 하므로 주격대명사는 I, 어울리는 be동사는 was가 와야 해요.

(3) 현재 상황을 물어보는 현재 의문문이기 때문에 주격대명사 she와 어울리는 be동사 is의 위치를 바꾸어 써야 해요. 그리고 그녀가 선생님인지 아닌지를 대답해야 하므로 주격대명사는 she, 어울리는 be동사는 is가 와야 해요.

(4) 과거 상황을 물어보는 과거 의문문이기 때문에 주격대명사 she와 어울리는 be동사 was의 위치를 바꾸어 써야 해요. 그리고 그녀가 선생님이었는지 아니었는지를 대답해야 하므로 주격대명사는 she, 어울리는 be동사는 was가 와야 해요.

(5) 현재 상황을 물어보는 현재 의문문이기 때문에 주격대명사 they와 어울리는 be동사 are의 위치를 바꾸어 써야 해요. 그리고 그들이 방에 있는지 아닌지를 대답해야 하므로 주격대명사는 they, 어울리는 be동사는 are가 와야 해요.

(6) 과거 상황을 물어보는 과거 의문문이기 때문에 주격대명사 they와 어울리는 be동사 were의 위치를 바꾸어 써야 해요. 그리고 그들이 방에 있었는지를 아니었는지를 대답해야 하므로 주격대명사는 they, 어울리는 be동사는 were가 와야 해요.

(7) 현재 상황을 물어보는 현재 의문문이기 때문에 '이것'을 의미하는 지시대명사 this와 어울리는 be동사 is의 위치를 바꾸어 써야 해요. 그리고 '그것'이 자동차인지 아닌지

를 대답해야 하므로 주격대명사는 it, 어울리는 be동사는 is가 와야 해요.

(8) 과거 상황을 물어보는 과거 의문문이기 때문에 '이것'을 의미하는 지시대명사 this와 어울리는 be동사 was의 위치를 바꾸어 써야 해요. 그리고 '그것'이 자동차였는지 아니었는지를 대답해야 하므로 주격대명사는 it, 어울리는 be동사는 was가 와야 해요.

(9) 현재 상황을 물어보는 현재 의문문이기 때문에 주어 Tom과 어울리는 be동사 is의 위치를 바꾸어 써야 해요. 그리고 Tom이 목이 마른지 아닌지를 대답해야 하므로 주격대명사는 he, 어울리는 be동사는 is가 와야 해요.

(10) 과거 상황을 물어보는 과거 의문문이기 때문에 주어 Tom과 어울리는 be동사 was의 위치를 바꾸어 써야 해요. 그리고 Tom이 목이 말랐는지 아니었는지를 대답해야 하므로 주격대명사는 he, 어울리는 be동사는 was가 와야 해요.

(11) 현재 상황을 물어보는 현재 의문문이기 때문에 주격대명사 you와 어울리는 be동사 are의 위치를 바꾸어 써야 해요. 그리고 내가 요리사인지 아닌지를 대답해야 하므로 주격대명사는 I, 어울리는 be동사는 am이 와야 해요.

(12) 과거 상황을 물어보는 과거 의문문이기 때문에 주격대명사 you와 어울리는 be동사 were의 위치를 바꾸어 써야 해요. 그리고 내가 요리사였는지 아니었는지를 대답해야 하므로 주격대명사는 I, 어울리는 be동사는 was가 와야 해요.

실전문제 본문 61쪽

Ⓐ (1) ②　(2) ②　(3) ①　Ⓑ (1) Are you happy?
(2) Is she a teacher?　(3) Were they in the room?　(4) Was Tom sad?　Ⓒ ④　Ⓓ (1) Were you　(2) Was he　(3) Were they　(4) I am　(5) they were

Ⓑ

(1) 의문문은 be동사 Are를 가장 먼저 쓰고, 주격대명사 you를 두 번째, 마지막으로 형용사 happy를 쓰면 돼요.

(2) 의문문은 be동사 Is를 가장 먼저 쓰고, 주격대명사 she를 두 번째, 마지막으로 명사 a teacher를 쓰면 돼요.

(3) 의문문은 be동사 Were를 가장 먼저 쓰고, 주격대명사 they를 두 번째, 마지막으로 장소를 나타내는 '구' in the room를 쓰면 돼요.

(4) 의문문은 be동사 Was를 가장 먼저 쓰고, 주어 Tom을 두 번째, 마지막으로 형용사 sad를 쓰면 돼요.

Ⓒ

④ 의문문에서는 주어 Tom과 be동사 is의 순서를 바꾸어 Is Tom thirsty?로 써야 해요.

D

(1) 의문문에서는 주격대명사 you와 be동사 were의 위치를 바꾸어 써야 하므로 You were는 Were you로 써야 해요.

(2) 의문문에서는 주격대명사 he와 be동사 was의 위치를 바꾸어 써야 하므로 He was를 Was he로 써야 해요.

(3) 의문문에서는 주격대명사 they와 be동사 were의 위치를 바꾸어 써야 하므로 They were를 Were they로 써야 해요.

(4) 의문문에 대해 대답할 때는 주격대명사 I가 먼저 오고 be동사 am을 써야 하므로 am I는 I am으로 써야 해요.

(5) 의문문에 대해 대답할 때는 주격대명사 they가 먼저 오고 be동사 were가 와야 하므로 were they는 they were로 써야 해요.

혼공 종합문제 be동사
본문 62쪽

1 ② 2 ④ 3 ④ 4 ⑤ 5 ④ 6 ③ 7 She is a girl. 8 were 9 Is, she 10 They, weren't, in, the, park. 11 am, room 12 were, not, sad

1 주격대명사 I와 어울리는 be동사는 am이지요. 주격대명사 She, He 그리고 3인칭 단수 주어인 Tom, Mom 다음은 be동사 is를 써요.

2 주격대명사 You의 be동사 과거형은 were를 써요. 주격대명사 I, She, He 그리고 주어 Mom의 be동사 과거형은 was를 써요.

3 주격대명사 You와 어울리는 be동사는 are를 써야 하므로 ④는 틀린 문장이지요.
① 나는 슬프다.
② 아빠는 공원에 있다.
③ 그는 목이 마르다.
④ 너는 소녀이다.
⑤ 그녀는 부엌에 있다.

4 be동사의 부정은 be동사 다음에 not을 써요. 그리고 be동사와 not은 줄여 쓸 수 있는데 are not은 aren't로, was not은 wasn't로 줄여 쓸 수 있어요. 하지만 am not은 줄여서 쓸 수 없어요. 따라서 ⑤는 틀린 문장이지요.
① 그것은 고양이가 아니다.
② 그들은 부엌에 있지 않다.
③ 그는 의사가 아니었다.
④ 그들은 목마르지 않았다.
⑤ 나는 선생님이 아니다.

5 be동사의 의문문을 쓸 때는 be동사를 먼저 쓰고 그 뒤에 주격대명사를 써요. 따라서 ④는 틀린 문장으로 Were we happy?로 써야 해요.
① 너는 배고팠니?
② 그것은 연필이니?
③ 당신은 선생님인가요?
④ 우리는 행복했니?
⑤ 그녀는 학생이니?

6 주격대명사 They의 be동사 과거형은 were를 쓰지요. 따라서 ③이 바르게 쓰인 문장이지요. 주격대명사 I, It, He 그리고 단수 주어인 Jenny는 be동사 과거형 was를 써야 해요.
① 나는 행복했다.
② Jenny는 선생님이었다.
③ 그들은 슬펐다.
④ 그것은 연필이었다.
⑤ 그는 교실에 있었다.

7 문장을 만들 때는 주격대명사를 먼저 쓰고 그 다음에 알맞은 be동사를 써요. 따라서 주격대명사 She 다음에 be동사인 is를 쓰고 a girl을 쓰면 돼요.

8 〈보기〉는 be동사 is와 과거형인 was의 관계이므로 빈칸에는 be동사 are의 과거형인 were를 쓰면 돼요.

9 be동사가 쓰인 문장을 의문문으로 만들 때는 be동사 is와 주격대명사 she의 위치를 바꾸면 되므로 빈칸에는 Is she를 써야 해요.

10 '그들은 공원에 있지 않았다.'는 be동사의 부정과 과거의 표현을 써야 해요. 따라서 주어진 문장을 고치면 They were not in the park.인데 빈칸이 다섯 개이므로 were not을 줄여서 weren't로 쓰면 돼요.

11 첫 번째 빈칸에는 주격대명사 I와 어울리는 be동사 am을 쓰고, 두 번째 빈칸에는 '나의 방에' 해당하는 room을 쓰면 돼요.

12 '슬프지 않았다'는 주격대명사 We와 어울리는 be동사의 과거형 were를 쓰고 부정의 표현 not을 써서 빈칸에는 were not sad를 쓰면 돼요.

Day 12 일반동사 (1)

(1) eat은 '먹다', go는 '가다'라는 뜻이므로 eat이 알맞아요.

(2) run은 '달리다', read는 '읽다'라는 뜻이므로 read가 알맞아요.

(3) stop은 '멈추다', sing은 '노래하다'라는 뜻이므로 sing이 알맞아요.

(4) run은 '달리다', sing은 '노래하다'라는 뜻이므로 run이 알맞아요.

(5) dance는 '춤추다', eat는 '먹다'라는 뜻이므로 dance가 알맞아요.

(6) read는 '읽다', jump는 '점프하다'라는 뜻이므로 jump가 알맞아요.

(1) 주어 She는 3인칭 단수이기 때문에 동사 eat 뒤에 s를 붙인 eats가 알맞아요.

(2) 주어 You는 2인칭이기 때문에 동사 jump가 알맞아요.

(3) 주어 They는 3인칭 복수이기 때문에 동사 wash가 알맞아요.

(4) 주어 Kevin은 3인칭 단수이기 때문에 동사 studies가 알맞아요.

(5) 주어 Mary는 3인칭 단수이기 때문에 동사 fixes가 알맞아요.

(6) 주어 Mary and Kevin은 3인칭 복수이기 때문에 동사 watch가 알맞아요.

기본문제   본문 68쪽

(1) (r)ead   (2) (j)ump   (3) (g)oes   (4) (w)atch
(5) (f)ixes   (6) (s)tudies (7) (w)ash   (8) (t)eaches
(9) (e)ats   (10) (d)ance   (11) (s)top   (12) (s)ing
(13) (r)un   (14) (t)each   (15) (w)atches (16) (w)ashes

(1) 주어 I는 1인칭이기 때문에 '읽다'라는 의미의 동사 read를 그대로 쓰면 돼요.

(2) 주어 You는 2인칭이기 때문에 '점프하다'라는 의미의 동사 jump를 그대로 쓰면 돼요.

(3) 주어 It은 3인칭 단수이기 때문에 '가다'라는 의미의 동사 go 뒤에 es를 붙인 goes를 써야 해요.

(4) 주어 Mary와 Kevin은 3인칭 복수이기 때문에 '보다'라는 의미의 동사 watch를 그대로 쓰면 돼요.

(5) 주어 Jane이 3인칭 단수이기 때문에 '수리하다'라는 의미의 동사 fix 뒤에 es를 붙인 fixes를 써야 해요.

(6) 주어 He가 3인칭 단수이기 때문에 '공부하다'라는 의미의 동사 study의 y를 i로 고치고 es를 붙인 studies를 써야 해요.

(7) 주어 They가 3인칭 복수이기 때문에 '씻다'라는 의미의 동사 wash를 그대로 쓰면 돼요.

(8) 주어 Tom이 3인칭 단수이기 때문에 '가르치다'라는 의미의 동사 teach 뒤에 es를 붙인 teaches를 써야 해요.

(9) 주어 She가 3인칭 단수이기 때문에 '먹다'라는 동사 eat 뒤에 s를 붙인 eats를 써야 해요.

(10) 주어 You가 2인칭이기 때문에 '춤추다'라는 동사 dance를 그대로 쓰면 돼요.

(11) 주어 We가 1인칭이기 때문에 '멈추다'라는 동사 stop을 그대로 쓰면 돼요.

(12) 주어 They가 3인칭 복수이기 때문에 '노래하다'라는 동사 sing을 그대로 쓰면 돼요.

(13) 주어 You가 2인칭이기 때문에 '달리다'라는 동사 run을 그대로 쓰면 돼요.

(14) 주어 I가 1인칭이기 때문에 '가르치다'라는 동사 teach를 그대로 쓰면 돼요.

(15) 주어 She가 3인칭 단수이기 때문에 '보다'라는 동사 watch 뒤에 es를 붙인 watches를 써야 해요.

(16) 주어 He가 3인칭 단수이기 때문에 '씻다'라는 동사 wash 뒤에 es를 붙인 washes를 써야 해요.

실전문제   본문 69쪽

Ⓐ (1) ② (2) ② (3) ① (4) ①   Ⓑ (1) She reads.
(2) He teaches. (3) Kevin watches. (4) Mary jumps.
Ⓒ ⑤   Ⓓ (1) eat (2) washes (3) go (4) studies
(5) fix

Ⓑ

(1) 주어 She를 먼저 쓰고 3인칭 단수이기 때문에 동사는 read 뒤에 s를 붙인 reads를 써야 해요.

(2) 주어 He를 먼저 쓰고 3인칭 단수이기 때문에 동사는 teach 뒤에 es를 붙인 teaches를 써야 해요.

(3) 주어 Kevin을 먼저 쓰고 3인칭 단수이기 때문에 동사 watch 뒤에 es를 붙인 watches를 써야 해요.

(4) 주어 Mary를 먼저 쓰고 3인칭 단수이기 때문에 동사 jump 뒤에 s를 붙인 jumps를 써야 해요.

C

⑤ 주어인 Tom and Mary는 3인칭 복수이기 때문에 동사 teach는 es를 붙이지 않고 teach를 그대로 써야 해요.

D

(1) 주어 We가 1인칭 복수이기 때문에 동사 eat을 그대로 써야 해요.

(2) 주어 He가 3인칭 단수이기 때문에 동사 wash 뒤에 es를 붙인 washes를 써야 해요.

(3) 주어 You가 2인칭이기 때문에 동사 go를 그대로 써야 해요.

(4) 주어 Mary가 3인칭 단수이기 때문에 동사 study는 y를 i로 고치고 es를 붙인 studies를 써야 해요.

(5) 주어 Tom and Jane은 3인칭 복수이기 때문에 동사 fix를 그대로 써야 해요.

Day 13 일반동사 (2)

바로! 확인문제 01

본문 70쪽

(1) ① (2) ① (3) ① (4) ② (5) ① (6) ②

(1) clean의 과거형은 끝에 ed를 붙여서 cleaned로 써요.

(2) play의 과거형은 끝에 ed를 붙여서 played로 써요.

(3) wash의 과거형은 끝에 ed를 붙여서 washed로 써요.

(4) study의 과거형은 y를 i로 바꾸고 ed를 붙여서 studied로 써요.

(5) cry의 과거형은 y를 i로 바꾸고 ed를 붙여서 cried로 써요.

(6) dance는 e로 끝났기 때문에 과거형을 만들때 끝에 d를 붙여서 danced로 써요.

바로! 확인문제 02

본문 71쪽

(1) ② (2) ② (3) ① (4) ② (5) ① (6) ①

(1) stop의 과거형은 철자가 '모음＋자음'으로 끝나므로, 마지막 자음 p를 한 번 더 써주고 ed를 붙인 stopped로 써요.

(2) go의 과거형은 went로 써요.

(3) cut은 현재형과 과거형이 같아요.

(4) run의 과거형은 ran으로 써요.

(5) drink의 과거형은 drank로 써요.

(6) eat의 과거형은 ate로 써요.

기본문제

본문 72쪽

(1) (c)leaned　(2) (d)ropped　(3) (p)ut　(4) (c)ried
(5) (l)oved　(6) (a)te　(7) (p)layed　(8) (r)ead
(9) (s)topped　(10) (d)anced　(11) (w)atched
(12) (w)ent　(13) (d)rank　(14) (c)ut　(15) (s)tudied
(16) (r)an

---

(1) clean의 과거형은 끝에 ed를 붙여 cleaned로 써요.

(2) drop의 과거형은 '모음＋자음'으로 끝나므로 자음 p를 한 번 더 쓰고 ed를 붙여 dropped로 써요.

(3) put의 과거형은 현재형과 똑같은 put으로 써요.

(4) cry의 과거형은 y를 i로 바꾸고 ed를 붙여서 cried로 써요.

(5) love의 과거형은 끝에 d를 붙여 loved로 써요.

(6) eat의 과거형은 ate로 써요.

(7) play의 과거형은 끝에 ed를 붙여 played로 써요.

(8) read의 과거형은 현재형과 똑같은 read로 써요.

(9) stop의 과거형은 마지막 자음 p를 한 번 더 쓰고 ed를 붙여 stopped로 써요.

(10) dance의 과거형은 끝에 d를 붙여 danced로 써요.

(11) watch의 과거형은 끝에 ed를 붙여 watched로 써요.

(12) go의 과거형은 went로 써요.

(13) drink의 과거형은 drank로 써요.

(14) cut의 과거형은 현재형과 똑같은 cut로 써요.

(15) study의 과거형은 y를 i로 바꾸고 ed를 붙여서 studied 로 써요.

(16) run의 과거형은 ran으로 써요.

실전문제

본문 73쪽

Ⓐ (1) ② (2) ① (3) ① (4) ② Ⓑ (1) She danced. (2) He played. (3) Mom cut. (4) I studied. Ⓒ ④ Ⓓ (1) ate (2) went (3) stopped (4) ran (5) drank

Ⓑ

(1) 주어 She를 먼저 쓰고 동사 dance의 과거형은 끝에 d를 붙여 danced를 쓰면 돼요.

(2) 주어 He를 먼저 쓰고 동사 play의 과거형은 끝에 ed를 붙여 played를 쓰면 돼요.

(3) 주어 Mom을 먼저 쓰고 동사 cut은 현재형과 과거형이 같으므로 cut을 쓰면 돼요.

(4) 주어 I를 먼저 쓰고 동사 study의 과거형은 y를 i로 바꾸고 ed를 붙여서 studied로 써요.

Ⓒ

④ stop처럼 철자가 '모음+자음'으로 끝나는 경우 마지막 자음 p를 한 번 더 쓰고 ed를 붙여서 과거형을 나타내요. 따라서 stopped로 써야 해요.

Ⓓ

(1) eat의 과거형은 ate을 써요.

(2) go의 과거형은 went를 써요.

(3) stop의 과거형은 마지막 자음 p를 한 번 더 쓰고 ed를 붙여서 stopped를 써요.

(4) run의 과거형은 ran을 써요.

(5) drink의 과거형은 drank를 써요.

Day 14 일반동사 (3)

본문 74쪽

바로! 확인문제 01
(1) ① (2) ② (3) ① (4) ① (5) ② (6) ① (7) ② (8) ①

(1) 주어 I가 1인칭이므로 일반동사의 현재 부정은 일반동사 앞에 don't를 써요.

(2) 주어 It이 3인칭 단수이므로 일반동사의 현재 부정은 일반동사 앞에 doesn't를 써요.

(3) 주어 We가 1인칭이므로 일반동사의 현재 부정은 일반동사 앞에 don't를 써요.

(4) 주어 You가 2인칭이므로 일반동사의 현재 부정은 일반동사 앞에 don't를 써요.

(5) 주어 Kevin은 3인칭 단수이므로 일반동사의 현재 부정은 일반동사 앞에 doesn't를 써요.

(6) 주어 Tom and Mary는 3인칭 복수이므로 일반동사의 현재 부정은 일반동사 앞에 don't를 써요.

(7) 주어 She와 doesn't가 3인칭 단수라는 것을 나타내기 때문에 wash 뒤에 es를 붙이지 않은 wash가 알맞아요.

(8) 주어 He와 doesn't가 3인칭 단수라는 것을 나타내기 때문에 clean 뒤에 s를 붙이지 않는 clean이 알맞아요.

바로! 확인문제 02
(1) ① (2) ② (3) ② (4) ① (5) ② (6) ② (7) ② (8) ①

본문 75쪽

(1) 일반동사의 과거 부정은 일반동사 앞에 didn't를 써요.

(2) 일반동사의 과거 부정은 일반동사 앞에 didn't를 써요.

(3) 일반동사의 과거 부정은 일반동사 앞에 didn't를 써요.

(4) 일반동사의 과거 부정은 일반동사 앞에 didn't를 써요.

(5) 일반동사의 과거 부정은 일반동사 앞에 didn't를 써요.

(6) 일반동사의 과거 부정은 일반동사 앞에 didn't를 써요.

(7) didn't가 과거를 나타내기 때문에 뒤에 오는 일반동사 wash에는 ed를 붙이지 않은 wash가 알맞아요.

(8) didn't가 과거를 나타내기 때문에 뒤에 오는 일반동사 eat는 과거형 ate을 쓰지 않고 eat을 그대로 써요.

(1) don't (2) didn't (3) doesn't (4) don't
(5) doesn't (6) didn't (7) doesn't (8) don't
(9) sing (10) eat (11) study (12) go
(13) teach (14) dance (15) cry (16) stop

(1) 주어 I가 1인칭이므로 일반동사의 현재 부정은 일반동사 앞에 don't를 써요.

(2) 일반동사의 과거 부정은 일반동사 앞에 didn't를 써요.

(3) 주어 He가 3인칭 단수이므로 일반동사의 현재 부정은 일반동사 앞에 doesn't를 써요.

(4) 주어 We가 1인칭이므로 일반동사의 현재 부정은 일반동사 앞에 don't를 써요.

(5) 주어 Mom이 3인칭 단수이므로 일반동사의 현재 부정은 일반동사 앞에 doesn't를 써요.

(6) 일반동사의 과거 부정은 일반동사 앞에 didn't를 써요.

(7) 주어 Tom이 3인칭 단수이므로 일반동사의 현재 부정은 일반동사 앞에 doesn't를 써요.

(8) 주어 You가 2인칭이므로 일반동사의 현재 부정은 일반동사 앞에 don't를 써요.

(9) didn't가 과거를 나타내므로 뒤에 오는 일반동사는 sing을 그대로 써요.

(10) doesn't가 3인칭 단수라는 것을 나타내므로 eat을 그대로 써요.

(11) don't 뒤에 오는 일반동사는 study를 그대로 써요.

(12) didn't가 과거를 나타내므로 뒤에 오는 일반동사는 go를 그대로 써요.

(13) didn't가 과거를 나타내므로 뒤에 오는 일반동사는 teach를 그대로 써요.

(14) didn't가 과거를 나타내기 때문에 뒤에 오는 일반동사는 dance를 그대로 써요.

(15) didn't가 과거를 나타내기 때문에 뒤에 오는 일반동사는 cry를 그대로 써요.

(16) don't 뒤에 오는 일반동사는 stop을 그대로 써요.

(2) 주어 He를 먼저 쓰고 일반동사 read 앞에 doesn't를 써서 현재 부정의 표현을 해요.

(3) 주어 She를 먼저 쓰고 일반동사 study 앞에 didn't를 써서 과거 부정의 표현을 해요.

(4) 주어 We를 먼저 쓰고 일반동사 drink 앞에 didn't를 써서 과거 부정의 표현을 해요.

C

④ didn't가 과거를 나타내기 때문에 뒤에 오는 일반동사 dance에는 d를 붙이면 안 돼요.

D

(1) 주어 I가 1인칭이므로 부정하려면 일반동사 run 앞에 don't를 써요.

(2) 주어 She가 3인칭 단수이므로 부정하려면 일반동사 go 앞에 doesn't를 써요.

(3) 주어 We가 1인칭이므로 부정하려면 일반동사 stop 앞에 don't를 써요.

(4) 주어 Tom이 3인칭 단수이므로 부정하려면 일반동사 wash 앞에 doesn't를 써요.

(5) 주어 They가 3인칭 복수이므로 부정하려면 일반동사 drink 앞에 don't를 써요.

A (1) ① (2) ② (3) ② (4) ② **B** (1) I don't sing.
(2) He doesn't read. (3) She didn't study. (4) We didn't drink. **C** ④ **D** (1) don't run (2) doesn't go (3) don't stop (4) doesn't wash (5) don't drink

B

(1) 주어 I를 먼저 쓰고 일반동사 sing 앞에 don't를 써서 현재 부정의 표현을 해요.

Day 15 일반동사 (4)

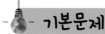
(1) Do, you (2) Do, they (3) Does, he
(4) Does, she (5) Does, Tom (6) Do, you

(1) 주어가 3인칭 단수가 아닐 때 일반동사가 쓰인 문장의 현재 의문문은 do를 문장 앞에 쓰고 주어가 와야 하므로 Do you를 써야 해요.

(2) 주어가 3인칭 단수가 아닐 때 일반동사가 쓰인 문장의 현재 의문문은 do를 문장 앞에 쓰고 주어가 와야 하므로 Do they를 써야 해요.

(3) 주어가 3인칭 단수일 때 일반동사가 쓰인 문장의 현재 의문문은 does를 문장 앞에 쓰고 주어가 와야 하므로 Does he를 써야 해요.

(4) 주어가 3인칭 단수일 때 일반동사가 쓰인 문장의 현재 의문문은 does를 문장 앞에 쓰고 주어가 와야 하므로 Does she를 써야 해요.

(5) 주어가 3인칭 단수일 때 일반동사가 쓰인 문장의 현재 의문문은 does를 문장 앞에 쓰고 주어가 와야 하므로 Does Tom을 써야 해요.

(6) 주어가 3인칭 단수가 아닐 때 일반동사가 쓰인 문장의 현재 의문문은 do를 문장 앞에 쓰고 주어가 와야 하므로 Do you를 써야 해요.

(1) Did, you (2) Did, she (3) Did, he
(4) Did, they (5) Did, Mary (6) Did, you

(1) 일반동사 과거형이 쓰인 문장의 의문문은 did를 문장 앞에 쓰고 주어가 와야 하므로 Did you를 써야 해요.

(2) 주어가 3인칭 단수인 경우에도 일반동사 과거형이 쓰인 문장의 의문문은 did를 문장 앞에 쓰고 주어가 와야 하므로 Did she를 써야 해요.

(3) 주어가 3인칭 단수인 경우에도 일반동사 과거형이 쓰인 문장의 의문문은 did를 문장 앞에 쓰고 주어가 와야 하므로 Did he를 써야 해요.

(4) 일반동사 과거형이 쓰인 문장의 의문문은 did를 문장 앞에 쓰고 주어가 와야 하므로 Did they를 써야 해요.

(5) 주어가 3인칭 단수인 경우에도 일반동사 과거형이 쓰인 문장의 의문문은 did를 문장 앞에 쓰고 주어가 와야 하므로 Did Mary를 써야 해요.

(6) 일반동사 과거형이 쓰인 문장의 의문문은 did를 문장 앞에 쓰고 주어가 와야 하므로 Did you를 써야 해요.

---

(1) Do, you, ① (2) Does, she, ① (3) Does, he, ②
(4) Does, Tom, ② (5) Does, Jane, ① (6) Do, Kevin, and, Anna, ② (7) Did, he, ② (8) Did, you, ①
(9) Did, she, ① (10) Did, they, ① (11) Did, Mary, ②
(12) Did, Kevin, ②

---

(1) 일반동사 현재형 eat을 쓴 문장의 의문문은 do를 문장 앞에 쓰고, 주어가 와야 하므로 Do you를 써야 해요. 대답을 Yes로 하면 현재형 do를 써요.

(2) 주어가 3인칭 단수인 She이기 때문에 의문문은 does를 문장 앞에 쓰고, 주어가 와야 하므로 Does she를 써야 해요. 대답을 No로 하면 does에 not을 붙인 doesn't를 써요.

(3) 주어가 3인칭 단수인 He이기 때문에 의문문은 does를 문장 앞에 쓰고, 주어가 와야 하므로 Does he를 써야 해요. 대답을 Yes로 하면 does를 써요.

(4) 주어가 3인칭 단수인 Tom이기 때문에 의문문은 does를 문장 앞에 쓰고, 주어가 와야 하므로 Does Tom를 써야 해요. 대답을 No로 하면 does에 not을 붙인 doesn't를 써요.

(5) 주어가 3인칭 단수인 Jane이기 때문에 의문문은 does를 문장 앞에 쓰고, 주어가 와야 하므로 Does Jane을 써야 해요. 대답을 No로 하면 does에 not을 붙인 doesn't를 써요.

(6) Kevin과 Anna는 3인칭 복수이기 때문에 의문문은 Do를 문장 앞에 쓰고 주어가 와야 하므로 Do Kevin and Anna를 써야 해요. 대답을 Yes로 하면 3인칭 복수 인칭대명사 they를 쓰고, do를 써요.

(7) 일반동사 clean의 과거형이 쓰인 문장을 의문문으로 만들 때에는 did를 문장 앞에 쓰고 주어가 와야 하므로 Did he를 써야 해요. 대답이 Yes일 때 did를 써요.

(8) 일반동사 jump의 과거형이 쓰인 문장을 의문문으로 만들 때에는 did를 문장 앞에 쓰고 주어가 와야 하므로 Did you를 써야 해요. 대답이 Yes일 때 did를 써요.

(9) 일반동사 dance의 과거형이 쓰인 문장을 의문문으로 만들 때에는 did를 문장 앞에 쓰고 주어가 와야 하므로 Did she를 써야 해요. 대답이 Yes일 때 did를 써요.

(10) 일반동사 run의 과거형이 쓰인 문장을 의문문으로 만들 때에는 did를 문장 앞에 쓰고 주어가 와야 하므로 Did they를 써야 해요. 대답을 No로 할 경우에는 did에 not을 붙인 didn't를 써요.

(11) 일반동사 go의 과거형이 쓰인 문장을 의문문으로 만들 때에는 did를 문장 앞에 쓰고 주어가 와야 하므로 Did Mary를 써야 해요. 대답을 No로 할 경우에는 did에 not을 붙인 didn't를 써요.

(12) 일반동사 study의 과거형이 쓰인 문장을 의문문으로 만들 때에는 did를 문장 앞에 쓰고 주어가 와야 하므로 Did Kevin을 써야 해요. 대답을 No로 할 경우에는 did에 not을 붙인 didn't를 써요.

A (1) ① (2) ② (3) ② B (1) Do you study?, Yes, I do. (2) Does she eat?, Yes, she does. (3) Does he dance?, No, he does not(doesn't). (4) Do they sing?, No, they do not(don't). C ③ D (1) Did you eat? (2) Did she jump? (3) Does he go? (4) Do they clean? (5) Does Mary study?

B

(1) 일반동사의 현재형 문장의 의문문은 Do를 가장 먼저 쓰고, 주어 you를 쓰고, 일반동사 study를 써요. 긍정의 대답은 Yes가 첫 번째, 주어 I가 두 번째, 마지막으로 do를 써요.

(2) 주어가 3인칭 단수인 일반동사 현재형 문장의 의문문은 Does를 가장 먼저 쓰고, 주어 she를 쓰고, 일반동사 eat를 써요. 긍정의 대답은 Yes가 첫 번째, 주어 she가 두 번째, 마지막으로 does를 써요.

(3) 주어가 3인칭 단수인 일반동사 현재형 문장의 의문문은 Does를 가장 먼저 쓰고, 주어 he를 쓰고, 일반동사 dance를 써요. 부정의 대답은 No가 첫 번째, 주어 he가 두 번째, 마지막으로 does not이나 축약형 doesn't를 써요.

(4) 일반동사 현재형 문장의 의문문은 Do를 가장 먼저 쓰고, 주어 they를 쓰고, 일반동사 sing을 써요. 부정의 대답은 No가 첫 번째, 주어 they가 두 번째, 마지막으로 do not이나 축약형인 don't를 써요.

C

③ Did가 과거를 나타내고 있기 때문에 동사는 ran이 아니라 run을 그대로 써요.

D

(1) 일반동사 eat의 과거형 ate가 쓰인 문장을 의문문으로 만들 때에는 Did를 가장 먼저 쓰고, 주어 you를 쓰고, 마지막으로 일반동사는 eat을 그대로 쓰면 돼요.

(2) 일반동사 jump의 과거형 jumped가 쓰인 문장을 의문문으로 만들 때에는 Did를 가장 먼저 쓰고, 주어 she를 쓰고, 마지막으로 일반동사는 jump를 그대로 쓰면 돼요.

(3) 주어가 3인칭 단수이고 일반동사 현재형이 쓰인 문장을 의문문으로 만들 때에는 Does를 가장 먼저 쓰고, 주어 he를 쓰고, 마지막으로 일반동사는 go를 그대로 쓰면 돼요.

(4) 주어 They가 3인칭 복수이므로 현재 의문문을 만들 때에는 Do를 가장 먼저 쓰고, 주어 they를 쓰고, 마지막으로 일반동사는 clean을 그대로 쓰면 돼요.

(5) 주어 Mary가 3인칭 단수이므로 현재 의문문을 만들 때에는 Does를 가장 먼저 쓰고, 주어 Mary를 쓰고, 마지막으로 일반동사는 study를 그대로 쓰면 돼요.

Day 16 일반동사 (5)

(1) ② (2) ② (3) ① (4) ② (5) ① (6) ②

(1) '먹고 있는 중이다'를 표현할 때는 주어 I에 어울리는 be동사 am과 eat + ing를 써요.

(2) '청소하는 중이다'를 표현할 때는 주어 You에 어울리는 be동사 are와 clean + ing를 써요.

(3) '가는 중이다'를 표현할 때는 주어 He에 어울리는 be동사 is와 go + ing를 써요.

(4) '공부하는 중이다'를 표현할 때는 주어 We에 어울리는 be동사 are와 study + ing를 써요.

(5) 현재진행형을 부정하려면 주어 She에 어울리는 be동사 is 다음에 not을 쓰고 clean + ing를 써요.

(6) 현재진행형을 부정하려면 주어 They에 어울리는 be동사 are 다음에 not을 쓰고 eat + ing를 써요.

(1) ② (2) ② (3) ② (4) ① (5) ① (6) ②

(1) '먹고 있는 중이었다'를 표현할 때는 주어 I에 어울리는 be동사의 과거형 was와 eat + ing를 써요.

(2) '공부하는 중이었다'를 표현할 때는 주어 You에 어울리는 be동사의 과거형 were와 study + ing를 써요.

(3) '청소하는 중이었다'를 표현할 때는 주어 We에 어울리는 be동사의 과거형 were와 clean + ing를 써요.

(4) '가는 중이었다'를 표현할 때는 주어 She에 어울리는 be동사의 과거형 was와 go + ing를 써요.

(5) '점프하는 중이 아니었다'를 표현할 때는 주어 It에 어울리는 be동사의 과거형 was 다음에 not을 쓰고 jump + ing를 써요. was not은 축약해서 wasn't로 써도 돼요.

(6) '먹는 중이 아니었다'을 표현할 때는 주어 They에 어울리는 be동사의 과거형 were 다음에 not을 쓰고 eat + ing를 써요. were not은 축약해서 weren't로 써도 돼요.

(1) am, eating (2) aren't, studying (3) are, going (4) is, cleaning (5) isn't, cleaning (6) am, not, jumping (7) is, not, reading (8) are, not, drinking (9) was, going (10) were, eating (11) weren't, studying (12) wasn't, cleaning (13) were, cleaning (14) wasn't, jumping (15) were, not, reading (16) were, not, drinking

(1) '먹고 있는 중이다'를 표현할 때는 주어 I에 어울리는 be동사 am과 eat+ing를 써요.

(2) '공부하는 중이 아니다'를 표현할 때는 주어 We에 어울리는 be동사 are 다음에 not을 쓰고, study+ing를 써요. are과 not은 줄여서 aren't로 쓸 수 있어요.

(3) '가는 중이다'를 표현할 때는 주어 You에 어울리는 be동사 are와 go+ing를 써요.

(4) '청소하는 중이다'를 표현할 때는 주어 She에 어울리는 be동사 is와 clean+ing를 써요.

(5) '청소하는 중이 아니다'를 표현할 때는 주어 He에 어울리는 be동사 is 다음에 not을 쓰고, clean+ing를 써요. is와 not은 줄여서 isn't로 쓸 수 있어요.

(6) '점프하는 중이 아니다'를 표현할 때는 주어 I에 어울리는 be동사 am 다음에 not을 쓰고, jump+ing를 써요.

(7) '읽는 중이 아니다'를 표현할 때는 주어 Tom에 어울리는 be동사 is 다음에 not을 쓰고, read+ing를 써요.

(8) '마시는 중이 아니다'를 표현할 때는 주어 We에 어울리는 be동사 are 다음에 not을 쓰고, drink+ing를 써요.

(9) '가는 중이었다'를 표현할 때는 주어 He에 어울리는 be동사의 과거형 was를 쓰고 go+ing를 써요.

(10) '먹는 중이었다'를 표현할 때는 주어 They에 어울리는 be동사의 과거형 were를 쓰고 eat+ing를 써요.

(11) '공부하는 중이 아니었다'를 표현할 때는 주어 You에 어울리는 be동사의 과거형 were 다음에 not을 쓰고, study+ing를 써요. were not은 줄여서 weren't로 쓸 수 있어요.

(12) '청소하는 중이 아니었다'를 표현할 때는 주어 I에 어울리는 be동사의 과거형 was 다음에 not을 쓰고, clean+ing를 써요. was not은 줄여서 wasn't로 쓸 수 있어요.

(13) '청소하는 중이었다'를 표현할 때는 주어 We에 어울리는 be동사의 과거형 were 다음에 not을 쓰고, clean+ing을 써요. were not은 줄여서 weren't로 쓸 수 있어요.

(14) '점프하는 중이 아니었다'를 표현할 때는 주어 She에 어울리는 be동사의 과거형 was 다음에 not을 쓰고, jump+ing를 써요. was not은 줄여서 wasn't로 쓸 수 있어요.

(15) '읽는 중이 아니었다'를 표현할 때는 주어 You에 어울리는 be동사의 과거형 were 다음에 not을 쓰고, read+ing를 써요.

(16) '마시는 중이 아니었다'를 표현할 때는 주어 We에 어울리는 be동사의 과거형 were 다음에 not을 쓰고, drink+ing를 써요.

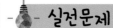 **실전문제** 본문 85쪽

Ⓐ (1) ② (2) ① (3) ② (4) ① Ⓑ (1) I am singing. (2) He is reading. (3) She wasn't going. (4) They weren't studying. Ⓒ ③ Ⓓ (1) was (2) was not(wasn't) (3) were (4) were not(weren't) (5) was (6) was not(wasn't)

Ⓑ

(1) 현재진행형은 주어 I를 가장 먼저 쓰고, be동사 am을 두 번째, 마지막으로 '일반동사+ing'인 singing을 써요.

(2) 현재진행형은 주어 He를 가장 먼저 쓰고, be동사 is를 두 번째, 마지막으로 '일반동사+ing'인 reading을 써요.

(3) 과거진행형은 주어 She를 가장 먼저 쓰고, be동사 과거형의 부정인 wasn't를 두번째, 마지막으로 '일반동사+ing'인 going을 써요.

(4) 과거진행형은 주어 They를 가장 먼저 쓰고, be동사 과거형의 부정인 weren't를 두 번째, 마지막으로 '일반동사+ing'인 studying을 써요.

Ⓒ

③ wasn't 대신 주어 You와 어울리는 be동사의 과거형 were에 not을 붙인 weren't를 써야 해요.

Ⓓ

(1) 주어 I와 어울리는 be동사의 과거형 was를 써야 해요.

(2) 주어 I와 어울리는 be동사의 과거형 was에 not을 붙인 was not(wasn't)을 써야 해요.

(3) 주어 You와 어울리는 be동사의 과거형 were를 써야 해요.

(4) 주어 We와 어울리는 be동사의 과거형 were에 not을 붙인 were not(weren't)을 써야 해요.

(5) 주어 She와 어울리는 be동사의 과거형 was를 써야 해요.

(6) 주어 He와 어울리는 be동사의 과거형 was에 not을 붙인 was not(wasn't)을 써야 해요.

혼공 종합문제 본문 86쪽

1 ④ 2 ③ 3 ④ 4 ①, ③ 5 ⑤ 6 ① 7 ②
8 stoped → stopped 9 I didn't clean. 10 don't 11 does
12 doesn't 13 didn't 14 They were not singing.

1 ④ Kevin은 3인칭 단수이므로 동사 wash는 뒤에 es를 붙여 Kevin washes라고 써야 해요.

① 나는 점프한다.

② 너는 먹는다.

③ 그는 간다.

④ Kevin은 씻는다.

⑤ 그들은 춤춘다.

2 주어가 3인칭 단수일 경우 동사의 현재형에는 s나 es를 붙이므로 ③ loves가 맞는 표현이지요. 1, 2인칭이거나 3인칭이더라도 복수일 경우에는 현재형 동사에는 s나 es를 붙이지 않아요. 그리고 cry와 study는 y를 i로 바꾸고 es를 붙여야 해요.

① 나는 운다.

② 우리는 달린다.

③ Tom은 사랑한다.

④ 그녀는 공부한다.

⑤ 그들은 청소한다.

3 동사의 과거형은 뒤에 (e)d를 붙여서 나타내는데 cry, study의 과거형은 y를 i로 바꾼 뒤 ed를 붙여 cried, studied로 써요. 그리고 run의 과거형은 ran이지요.

① 나는 울었다.

② 우리는 달렸다.

③ Tom은 사랑했다.

④ 그녀는 공부했다.

⑤ 그들은 청소했다.

4 ① jump의 과거형은 jumped, ② eat의 과거형은 ate, ③ go의 과거형은 went, ④ wash의 과거형은 washed, ⑤ dance의 과거형은 danced이지요. 따라서 ①과 ③이 올바른 과거형이지요.

① 나는 점프했다.

② 너는 먹었다.

③ 그는 갔다.

④ Kevin은 씻었다.

⑤ 그들은 춤췄다.

5 일반동사 현재형의 부정은 1, 2인칭과 3인칭 복수인 경우는 동사 앞에 do not(don't)을 써서 나타내고, 3인칭 단수인 경우는 동사 앞에 does not(doesn't)를 써서 나타내요. 따라서 ⑤는 주어가 3인칭 복수이므로 don't를 써야 해요.

① 나는 읽지 않는다.

② 그는 노래하지 않는다.

③ 너는 춤추지 않는다.

④ 그녀는 마시지 않는다.

⑤ Tom과 Mary는 먹지 않는다.

6 일반동사 현재형의 의문문을 만들 때, 1, 2인칭과 3인칭 복수인 경우는 Do를 문장 맨 앞에 쓰고, 3인칭 단수인 경우는 문장 맨 앞에 Does를 써요. 따라서, ① 주어 you는 2인칭이므로 Does가 아닌 Do를 써야 해요.

① 너는 달리니?

② 그들은 먹니?

③ 그는 춤추니?

④ 우리는 공부하니?

⑤ Jane은 노래 부르니?

7 현재진행형은 'be동사 + 일반동사 + ing'로 나타내고 부정은 be동사 다음에 not을 쓰면 되므로 ②가 올바른 문장이지요.

① 너는 먹는 중이다. (주어가 2인칭 You이므로 be동사는 are를 써야 해요.)

② 나는 가는 중이 아니다.

③ 그는 점프하는 중이 아니다. (현재진행형의 부정은 be동사 다음에 not을 써서 He is not jumping.으로 써야 해요.)

④ 그들은 청소하는 중이 아니다. (현재진행형의 부정은 be동사 다음에 not을 써요. They와 어울리는 be동사는 are이므로 They are not cleaning.으로 써야 해요.)

⑤ Jane과 Kevin은 공부하는 중이다. (주어 Jane and Kevin은 복수이므로 be동사는 are를 써야 해요.)

8 stop의 과거형은 마지막 철자인 p를 한 번 더 쓰고 ed를 붙여 stopped로 써요.

9 과거 부정 문장에서 didn't 다음에 오는 일반동사에는 (e)s, (e)d를 붙이지 않는 동사원형을 써야 하므로 clean이 알맞아요.

10 일반동사의 현재형이 쓰인 의문문에 대해 No로 대답할 때에는 do 뒤에 not을 붙여 do not을 쓰는데 줄여서 don't라고 써요.

11 일반동사의 현재형이 쓰인 의문문에 대해 주어가 3인칭 단수이고 Yes로 대답할 때에는 does를 써요.

12 일반동사의 현재형이 쓰인 의문문에 대해 주어가 3인칭 단수이고 No로 대답할 때에는 does 뒤에 not을 붙여 does not을 쓰는데 줄여서 doesn't를 써요.

13 일반동사의 과거형이 쓰인 의문문에 No로 대답할 때에는 did 뒤에 not을 붙여 did not을 쓰는데 줄여서 didn't로 써요.

14 과거진행형의 부정 문장은 be동사 뒤에 not을 써서 They were not singing으로 써요.

Day 17 조동사 (1)

01 (1) ② (2) ② (3) ② (4) ① (5) ② (6) ①

(1) 조동사 can은 일반동사 eat 앞에 써요.

(2) 조동사 can은 일반동사 run 앞에 써요.

(3) 조동사 can 다음에 오는 동사에는 (e)s, (e)d를 붙이거나 변형하지 않는 동사원형인 dance를 써요.

(4) 조동사 can 다음에 오는 동사에는 (e)s, (e)d를 붙이거나 변형하지 않는 동사원형인 sing을 써요.

(5) 조동사가 쓰인 문장의 의문문은 조동사와 주어의 위치를 바꾸어야 해요. 따라서 Can you가 알맞아요.

(6) 조동사가 쓰인 문장의 의문문은 조동사와 주어의 위치를 바꾸어야 해요. 따라서 Can he가 알맞아요.

02 (1) ② (2) ① (3) ① (4) ① (5) ② (6) ①

(1) 조동사 will 뒤에 be동사가 올 때는 인칭과 상관없이 동사원형인 be를 써요.

(2) 조동사 will 뒤에 be동사가 올 때는 인칭과 상관없이 동사원형인 be를 써요.

(3) '~되지 않을 것이다'라는 부정의 표현은 will 다음에 not을 써서 나타내요.

(4) '~안 할 것이다'라는 부정의 표현은 will 다음에 not을 써서 나타내요. will not은 줄여서 won't로 쓸 수 있어요.

(5) 조동사가 쓰인 문장을 의문문으로 만들 때는 주어와 조동사의 위치를 바꾸어야 해요. 따라서 Will you가 알맞아요.

(6) 조동사가 쓰인 문장을 의문문으로 만들 때는 주어와 조동사의 위치를 바꾸어야 해요. 따라서 Will they가 알맞아요.

기본문제

(1) can, eat (2) can't, eat (3) can, run (4) can't, run (5) Can, we (6) Can, he (7) Can, they (8) Can, you (9) will, be (10) won't, be (11) will, study (12) won't, study (13) Will, he (14) Will, you (15) Will ,you (16) Will, you

(1) '~할 수 있다'라는 의미의 조동사 can은 일반동사 eat

앞에 써요.

(2) '~할 수 없다'라는 부정의 표현은 can 다음에 not을 써요. cannot은 줄여서 can't로 쓸 수 있어요.

(3) 조동사 can은 일반동사 run 앞에 써요.

(4) can을 부정하려면 can 다음에 not을 써요. cannot은 줄여서 can't로 쓸 수 있어요.

(5) 조동사가 쓰인 문장을 의문문으로 만들 때는 주어와 조동사의 위치를 바꾸어야 해요. 따라서 Can we로 쓰면 돼요.

(6) 조동사가 쓰인 문장을 의문문으로 만들 때는 주어와 조동사의 위치를 바꾸어야 해요. 따라서 Can he로 쓰면 돼요.

(7) 조동사가 쓰인 문장을 의문문으로 만들 때는 주어와 조동사의 위치를 바꾸어야 해요. 따라서 Can they로 쓰면 돼요.

(8) 조동사가 쓰인 문장을 의문문으로 만들 때는 주어와 조동사의 위치를 바꾸어야 해요. 따라서 Can you로 쓰면 돼요.

(9) '~될 것이다'라는 의미의 조동사 will 뒤에 be동사가 올 때는 인칭과 상관없이 동사원형인 be를 써요.

(10) '~되지 않을 것이다'라는 부정의 표현은 will 다음에 not을 써요. will not은 줄여서 won't로 쓸 수 있어요.

(11) 조동사 will 다음에 오는 동사에는 (e)s, (e)d를 붙이거나 변형하지 않는 동사원형인 study를 써야 해요.

(12) '~하지 않을 것이다'라는 부정의 표현은 will 다음에 not을 써요. will not은 줄여서 won't로 쓸 수 있어요.

(13) 주어 he와 조동사 will의 자리를 바꾸면 의문문을 만들 수 있어요.

(14) 주어 you와 조동사 will의 자리를 바꾸면 의문문을 만들 수 있어요.

(15) 주어 you와 조동사 will의 자리를 바꾸면 의문문을 만들 수 있어요.

(16) 주어 you와 조동사 will의 자리를 바꾸면 의문문을 만들 수 있어요.

실전문제

Ⓐ (1) ② (2) ① (3) ② (4) ① Ⓑ (1) I can run. (2) He cannot go. (3) She will be a cook. (4) I won't stop. Ⓒ ④ Ⓓ (1) Will I (2) can study (3) Can I (4) will read (5) will not

Ⓑ

(1) 주어 I를 가장 먼저 쓰고, 조동사 can을 쓰고, 마지막으로 일반동사 run을 쓰면 돼요.

(2) 주어 He를 가장 먼저 쓰고, 조동사 can의 부정형 cannot을 쓰고, 마지막으로 일반동사 go를 쓰면 돼요.

(3) 주어 She를 가장 먼저 쓰고, 조동사 will을 쓴 후 be를 쓰고, 마지막으로 명사 a cook을 쓰면 돼요.

(4) 주어 I를 가장 먼저 쓰고. 조동사 will의 부정형 won't를 쓰고, 마지막으로 일반동사 stop을 쓰면 돼요.

C

④ 조동사 will 다음에 오는 동사에는 (e)s, (e)d를 붙이거나 변형하지 않는 동사원형이 와야 하므로 sings가 아니라 sing이 알맞아요.

D

(1) '~될 것이다'는 조동사 will을 쓰고 의문문으로 만들 때는 주어 I와 will의 위치를 바꿔서 써야 하므로 Will I가 알맞아요.

(2) '~할 수 있다'는 조동사 can을 쓰므로 can study가 알맞아요.

(3) '~할 수 있다'는 조동사 can을 쓰고 의문문으로 만들 때 주어 I와 can의 위치를 바꿔 써야 하므로 Can I가 알맞아요.

(4) '~할 것이다'는 조동사 will을 쓰므로 will read가 알맞아요.

(5) '~안 할 것이다'라는 부정의 표현은 will 다음에 not을 쓰므로 will not이 알맞아요.

Day 18 조동사 (2)

본문 94쪽

바로! 확인문제 01
(1) ① (2) ② (3) ② (4) ① (5) ② (6) ①

(1) 조동사 may는 일반동사 go 앞에 써요.

(2) 조동사 may는 일반동사 watch 앞에 써요.

(3) '~해서는 안 된다'는 조동사 may 다음에 not을 써서 나타내요. may not은 mayn't로 축약할 수 없다는 것에 주의해야 해요.

(4) '~해서는 안 된다'는 조동사 may 다음에 not을 써서 나타내요.

(5) 조동사가 쓰인 문장의 의문문은 주어와 조동사의 위치를 바꾸어야 해요. 따라서 May I가 알맞아요.

(6) 조동사가 쓰인 문장의 의문문은 주어와 조동사의 위치를 바꾸어야 해요. 따라서 May I가 알맞아요.

본문 95쪽

바로! 확인문제 02
(1) ① (2) ① (3) ① (4) ② (5) ② (6) ①

(1) 조동사 should는 일반동사 see 앞에 써요.

(2) 조동사 should 다음에 오는 동사는 (e)s, (e)d를 붙이거나 변형하지 않는 동사원형인 wash를 써야 해요.

(3) '~해서는 안 된다'라는 부정의 표현을 하려면 should 다음에 not을 써요.

(4) '~해서는 안 된다'라는 부정의 표현을 하려면 should 다음에 not을 써요. should not은 줄여서 shouldn't로 써요.

(5) 조동사가 쓰인 문장을 의문문으로 만들 때는 주어와 조동사의 위치를 바꾸어야 하므로 should I가 알맞아요.

(6) 조동사가 쓰인 문장을 의문문으로 만들 때는 주어와 조동사의 위치를 바꾸어야 하므로 should I가 알맞아요.

기본문제

본문 96쪽

(1) may, go (2) may, not, go (3) may, dance
(4) may, not ,dance (5) May, I (6) May, I (7) May, I
(8) May, I (9) should, eat (10) should, not, eat
(11) should, study (12) shouldn't, study (13) Should, I
(14) Should, I (15) Should, I (16) Should, I

(1) '~해도 된다'라는 의미의 조동사 may는 일반동사 go 앞에 써요.

(2) '~해서는 안 된다'라는 의미는 조동사 may를 부정하

여 may 다음에 not을 써요.

(3) '~해도 된다'라는 의미의 조동사 may는 일반동사 dance 앞에 써요.

(4) '~해서는 안 된다'라는 의미는 조동사 may를 부정하여 may 다음에 not을 써요.

(5) '~해도 되나요?'라는 의문문은 주어 I와 조동사 may의 위치를 바꾸면 만들 수 있으므로 May I가 알맞아요.

(6) '~해도 되나요?'라는 의문문은 주어 I와 조동사 may의 위치를 바꾸면 만들 수 있으므로 May I가 알맞아요.

(7) '~해도 되나요?'라는 의문문은 주어 I와 조동사 may의 위치를 바꾸면 만들 수 있으므로 May I가 알맞아요.

(8) '~해도 되나요?'라는 의문문은 주어 I와 조동사 may의 위치를 바꾸면 만들 수 있으므로 May I가 알맞아요.

(9) '~해야 한다'라는 의미의 조동사 should는 일반동사 eat 앞에 써요.

(10) '~해서는 안 된다'라는 의미는 조동사 should를 부정하여 should 다음에 not을 써요.

(11) '~해야 한다'라는 의미의 조동사 should는 일반동사 study 앞에 써요.

(12) '~해서는 안 된다'라는 의미는 조동사 should를 부정하여 should 다음에 not을 써요. should not은 줄여서 shouldn't로 쓸 수 있어요.

(13) '~해야 하니?'라는 의문문은 주어 I와 조동사 should의 위치를 바꾸면 만들 수 있으므로 Should I가 알맞아요.

(14) '~해야 하니?'라는 의문문은 주어 I와 조동사 should의 위치를 바꾸면 만들 수 있으므로 Should I가 알맞아요.

(15) '~해야 하니?'라는 의문문은 주어 I와 조동사 should의 위치를 바꾸면 만들 수 있으므로 Should I가 알맞아요.

(16) '~해야 하니?'라는 의문문은 주어 I와 조동사 should의 위치를 바꾸면 만들 수 있으므로 Should I가 알맞아요.

실전문제

본문 97쪽

Ⓐ (1) ① (2) ① (3) ② (4) ① Ⓑ (1) We may run. (2) May I read this? (3) He should study. (4) They should not go. Ⓒ ③ Ⓓ (1) may read (2) shouldn't eat (3) May I (4) shouldn't run (5) should study

Ⓑ

(1) 주어 We를 쓰고, 조동사는 일반동사 앞에 와야 하므로 may를 쓰고, 마지막으로 일반동사 run을 쓰면 돼요.

(2) '~해도 되나요?'라는 의문문은 주어 I와 조동사 may의 위치를 바꾸면 만들 수 있으므로 May I를 쓰고, 일반동사 read를 쓰고, 마지막으로 this를 쓰면 돼요.

(3) 주어 He를 쓰고, 조동사는 일반동사 앞에 와야 하므로

should를 쓰고, 마지막으로 일반동사 study를 쓰면 돼요.

(4) 주어 They를 쓰고, 조동사는 일반동사 앞에 와야 하고 부정하려면 조동사 다음에 not을 써야 하므로 should not을 쓰고, 마지막으로 일반동사 go를 쓰면 돼요.

Ⓒ

③ may를 부정하려면 may 다음에 not을 쓰지만 may not을 mayn't로 줄여서 쓸 수 없어요.

Ⓓ

(1) '~해도 된다'는 조동사 may를 써요. 따라서 '읽어도 된다'는 may read가 알맞아요.

(2) '~해서는 안 된다'는 표현은 shouldn't를 써요. 따라서 '먹지 말아야 한다'는 shouldn't eat이 알맞아요.

(3) '제가 ~해도 되나요?'라는 의문문은 주어 I와 조동사 may의 위치를 바꾸면 만들 수 있으므로 May I가 알맞아요.

(4) '~해서는 안 된다'는 표현은 shouldn't를 써서 나타므로 '달려가지 말아야 한다'는 shouldn't run이 알맞아요.

(5) '~해야 한다'는 조동사 should를 써요. 따라서 "공부해야 한다'는 should study가 알맞아요.

Day 19 조동사 (3)

(1) ①　(2) ①　(3) ①　(4) ②　(5) ①　(6) ②

(1) 조동사 must는 일반동사 study 앞에 써요.
(2) 조동사 must는 일반동사 dance 앞에 써요.
(3) 조동사 must를 부정하려면 must 다음에 not을 써요.
(4) must not은 줄여서 mustn't로 쓸 수 있어요.
(5) 조동사가 쓰인 문장의 의문문은 주어와 조동사의 위치를 바꾸어야 해요. 따라서 Must I가 알맞아요.
(6) 조동사가 쓰인 문장의 의문문은 주어와 조동사의 위치를 바꾸어야 해요. 따라서 Must he가 알맞아요.

(1) ②　(2) ①　(3) ①　(4) ①　(5) ①　(6) ②

(1) 그녀는 가수일지도 모른다.
(2) 그는 TV를 봐도 된다.
(3) 우리는 점프해도 된다.
(4) 그들은 멈춰야 한다.
(5) 나는 집에 가야 한다.
(6) 그녀는 요리사인 게 틀림없다.

기본문제　　　본문 100쪽

(1) must, stop　(2) must, study　(3) must, read
(4) must, run　(5) must, not, go　(6) must, not, eat
(7) Must, I　(8) Must, he　(9) may, be　(10) may,
watch　(11) must, stop　(12) must, be　(13) may, be
(14) must, go　(15) may, read　(16) must, jump

(1) 조동사 must는 일반동사 stop 앞에 써요.
(2) 조동사 must는 일반동사 study 앞에 써요.
(3) 조동사 must는 일반동사 read 앞에 써요.
(4) 조동사 must는 일반동사 run 앞에 써요.
(5) '절대 ~해서는 안 된다'는 조동사 must를 부정하는 표현이므로 must 다음에 not을 써요.
(6) '절대 ~해서는 안 된다'는 조동사 must를 부정하는 표현이므로 must 다음에 not을 써요.
(7) '내가 반드시 ~해야 하니?'라는 의문문을 만들 때는 주어 I와 조동사 must의 위치를 바꿔 쓰면 돼요.
(8) '그가 반드시 ~해야 하니?'라는 의문문을 만들 때는

주어 he와 조동사 must의 위치를 바꿔 쓰면 돼요.
(9) '~일지도 모른다'라는 약한 추측의 표현은 조동사 may를 쓰고, be동사는 동사원형인 be를 써요.
(10) '~해도 된다'라는 허락의 표현은 조동사 may를 일반동사 watch 앞에 써요.
(11) '반드시 ~해야 한다'라는 강한 의무의 표현은 조동사 must를 일반동사 stop 앞에 써요.
(12) '~임에 틀림없다'라는 강한 추측의 표현은 must를 쓰고 be동사는 동사원형인 be를 써요.
(13) '~일지도 모른다'라는 약한 추측의 표현은 may를 쓰고 be동사는 동사원형인 be를 써요.
(14) '~해야 한다'라는 강한 의무의 표현은 must를 일반동사 go 앞에 써요.
(15) '~해도 된다'라는 허락의 표현은 may를 일반동사 read 앞에 써요.
(16) '~해야 한다'라는 강한 의무의 표현은 must를 일반동사 jump 앞에 써요.

실전문제　　　본문 101쪽

Ⓐ (1) ②　(2) ①　(3) ①　(4) ②　Ⓑ (1) ①　(2) ②
(3) ①　(4) ②　Ⓒ ⑤　Ⓓ (1) may be　(2) must
(3) may go　(4) must be　(5) must not

Ⓑ

(1) '~해도 된다'라는 허락의 표현은 may를 써요.
(2) '반드시 ~해야 한다'라는 강한 의무의 표현은 must를 써요.
(3) '~일지도 모른다'라는 약한 추측의 표현은 may를 써요.
(4) '~임에 틀림없다'라는 강한 추측의 표현은 must를 써요.

Ⓒ

⑤ 조동사 must 다음에 오는 동사에는 (e)s, (e)d를 붙이지 않고 동사원형인 study를 그대로 써요.
① 그들은 여기서 반드시 멈춰서야 한다.
② 그녀는 선생님인 것이 틀림없다.
③ 너는 목마를지도 모른다.
④ 우리는 이것을 절대로 읽어서는 안 된다.
⑤ 그는 반드시 공부해야 한다.

Ⓓ

(1) '~일지도 모른다'라는 약한 추측의 표현은 may를 써요.
(2) '반드시 ~해야 한다'라는 강한 의무의 표현은 must를 써요.
(3) '~해도 된다'라는 허락의 표현은 may를 써요.
(4) '~임에 틀림없다'라는 강한 추측의 표현은 must를 써요.
(5) '반드시 ~해야 한다'라는 강한 의무의 표현인 must를 부정하려면 must 다음에 not을 써요.

1 ⑤ **2** ③ **3** ④ **4** ① **5** ③ **6** ④ **7** He will watch TV. **8** You can not read this. **9** shouldn't **10** won't **11** may **12** must **13** must **14** may

1 can, may, should, will은 조동사이고 is는 be동사이지요.

2 '~해야 한다'라는 뜻을 지닌 조동사는 should이지요.

3 '~할 것이다'라는 뜻을 지닌 조동사는 will이지요.

4 조동사 다음에 오는 동사는 동사원형을 써요. 따라서 ①은 jumps 대신 jump를 써야 해요.
① 그녀는 점프할 수 있다.
② 나는 달릴 수 있다.
③ 그녀는 책들을 읽을 수 있다.
④ 그들은 노래 부를 수 있다.
⑤ 그는 이것을 고칠 수 있다.

5 조동사의 부정은 조동사 뒤에 not을 쓰는데 may not은 mayn't로 축약할 수 없어요. 따라서 ③은 틀린 문장이지요.
① 너는 집에 가도 된다.
② 우리는 우리의 손을 씻어야 한다.
③ 그는 노래 불러서는 안 된다.
④ 나는 이 책을 절대 읽어서는 안 된다.
⑤ 그들은 이것을 먹어서는 안 된다.

6 ① 내가 달려야만 하니? (조동사가 쓰인 문장을 의문문으로 만들 때는 주어와 조동사의 위치를 바꾸어 Must I run?으로 써야 해요.)
② 너는 선생님이 될 거니? (조동사가 쓰인 문장의 의문문은 주어와 조동사의 위치를 바꾸어 Will you be a teacher? 라고 써야 해요.)
③ 그는 춤출 수 있다. (조동사 뒤의 동사는 동사원형을 사용해서 He can dance.로 써야 해요.)
④ 우리가 TV를 볼 수 있니?
⑤ 그녀는 멈춰야 한다. (조동사 should 다음에 동사원형을 사용해서 She should stop.이라고 써야 해요.)

7 조동사 다음에는 동사원형이 온다는 것에 유의해서 배열하면 He will watch TV.가 되지요.

8 조동사의 부정은 조동사 다음에 not을 쓴다는 것에 유의해서 배열하면 You can not read this.가 되지요.

9 should를 부정하려면 not을 붙여서 should not이 되는데 〈보기〉처럼 축약해서 shouldn't로 써야 해요.

10 will을 부정하려면 not을 붙여서 will not으로 쓰는데 축약형으로는 won't로 써야 해요.

11 '~일지도 모른다'라는 약한 추측은 조동사 may를 써요.

12 '~임에 틀림없다'라는 강한 추측은 조동사 must를 써요.

13 '반드시 ~해야 한다'라는 강한 의무를 나타낼 때는 조동사 must를 써요.

14 '~해도 된다'라는 허락은 조동사 may를 써요.

Day 20 형용사 (1)

 본문 106쪽

01 (1) ① (2) ① (3) ① (4) ② (5) ② (6) ②

(1) 형용사 tall의 발음이 자음으로 시작하기 때문에 a를 써요.

(2) 형용사 big은 '큰'이라는 뜻이지요.

(3) 명사 building의 발음이 자음으로 시작하기 때문에 a를 써요.

(4) 형용사 old의 발음이 모음으로 시작하기 때문에 an을 써요.

(5) 오렌지가 세 개이므로 명사 orange에 복수를 뜻하는 s를 붙여 써요.

(6) 형용사 big은 '큰'이라는 뜻이지요.

본문 107쪽

02 (1) ① (2) ② (3) ② (4) ② (5) ① (6) ①

(1) 주어가 3인칭 단수인 He이므로 be동사는 is를 써요.

(2) 주어가 3인칭 복수인 These이므로 be동사는 are을 써요.

(3) 형용사 old의 발음이 모음으로 시작하기 때문에 an을 써요.

(4) Tom and Suzy는 복수 주어이므로 be동사는 are을 써요.

(5) 복수 주어 Those이므로 be동사는 are를 써요. a는 명사가 단수일 때 붙여요.

(6) 형용사 big의 발음이 자음으로 시작하기 때문에 a를 써요.

기본문제

본문 108쪽

(1) is, a, tall, man (2) are, big, rabbits (3) are, good, friends (4) is, an, old, building (5) is, a, black, table (6) are, three, oranges (7) are, new, buildings (8) is, a, small, apple (9) is, a, young, man (10) are, two, tables (11) is, my, good, friend (12) is, my, new, rabbit (13) is, a, big, apple (14) is, my, round, table (15) is, my, new, friend (16) are, big, tomatoes

(1) 주어가 3인칭 단수 He이므로 be동사는 is를 쓰고 '키 큰 남자'는 a tall man으로 써요.

(2) 주어가 복수인 These이므로 be동사는 are를 쓰고 '큰 토끼들'은 big rabbits로 써요.

(3) 주어가 복수인 They이므로 be동사는 are를 쓰고 '좋은 친구들'은 good friends로 써요.

(4) 주어가 3인칭 단수인 It이므로 be동사는 is를 쓰고 '오래된 건물'은 an old building으로 써요.

(5) 주어가 3인칭 단수인 This이므로 be동사는 is를 쓰고 '검은 탁자'는 a black table로 써요.

(6) 주어가 복수인 Those이므로 be동사는 are를 쓰고 '세 개의 오렌지'는 three oranges로 써요.

(7) 주어가 복수인 Those이므로 be동사는 are를 쓰고 '새로운 건물들'은 new buildings로 써요.

(8) 주어가 3인칭 단수인 That이므로 be동사는 is를 쓰고 '작은 사과'는 a small apple로 써요.

(9) 주어가 3인칭 단수인 He이므로 be동사는 is를 쓰고 '젊은 남자'는 a young man으로 써요.

(10) 주어가 복수인 These이므로 be동사는 are를 쓰고 '두 개의 탁자'는 two tables로 써요.

(11) 주어가 3인칭 단수인 Suzy이므로 be동사는 is를 쓰고 '나의 좋은 친구'는 my good friend로 써요.

(12) 주어가 3인칭 단수인 This이므로 be동사는 is를 쓰고 '나의 새로운 토끼'는 my new rabbit으로 써요.

(13) 주어가 3인칭 단수인 That이므로 be동사는 is를 쓰고 '큰 사과'는 a big apple로 써요.

(14) 주어가 3인칭 단수인 This이므로 be동사는 is를 쓰고 '나의 둥근 탁자'는 my round table로 써요.

(15) 주어가 3인칭 단수인 He이므로 be동사는 is를 쓰고 '나의 새로운 친구'는 my new friend로 써요.

(16) 주어가 복수인 These이므로 be동사는 are를 쓰고 '큰 토마토들'은 big tomatoes로 써요.

실전문제

본문 109쪽

Ⓐ (1) ② (2) ① (3) ② (4) ② Ⓑ (1) ② (2) ②
(3) ① (4) ② Ⓒ ⑤ Ⓓ (1) old (2) round (3) two
(4) big (5) young

Ⓑ

(1) '새로운 탁자들'에서 '새로운'은 new를, '탁자들'은 복수이므로 tables를 써요.

(2) '두 마리의 토끼'에서 '두 마리'는 two를, 그리고 '토끼들'은 복수이므로 rabbits로 써요.

(3) '큰 오렌지 하나'는 단수이므로 a big orange를 써요. 형용사 big의 발음이 자음으로 시작하기 때문에 a를 써요.

(4) '나의 새로운 친구'에서 '나의'는 my를, '새로운'은 new를, '친구'는 friend를 써요. 소유격 my 앞에는 a를 쓸 수 없어요.

Ⓒ

⑤ apples는 사과가 둘 이상임을 나타내는 복수이고 a는 셀 수 있는 명사의 단수를 나타낼 때 쓰기 때문에 틀린 문장이지요.

Ⓓ

(1) 형용사 old는 '오래된'이라는 뜻이지요.

(2) 형용사 round는 '둥근'이라는 뜻이지요.

(3) '두 개'를 나타낼 때는 two를 써요.

(4) 형용사 big은 '큰'이라는 뜻이지요.

(5) 형용사 young은 '어린, 젊은'이라는 뜻이지요.

 Day 21 형용사 (2)

본문 110쪽

 바로! 확인문제 01

(1) ① (2) ① (3) ① (4) ② (5) ① (6) ②

(1) 주어가 You이므로 be동사 are가 오고 형용사 young이 와야 해요.

(2) 주어가 He이므로 be동사 is가 오고 형용사 old가 와야 해요.

(3) 주어가 She이므로 be동사 is가 오고 형용사 tall이 와야 해요.

(4) 주어가 They이므로 be동사 are가 오고 형용사 big이 와야 해요.

(5) 주어가 It이므로 be동사 is가 오고 형용사 small이 와야 해요.

(6) 주어가 Tom이므로 be동사 is가 오고 형용사 heavy가 와야 해요.

 바로! 확인문제 02

본문 111쪽

(1) ② (2) ① (3) ② (4) ② (5) ① (6) ②

(1) 과거형이므로 주어 We 다음에 be동사의 과거형 were가 오고 형용사 young이 와야 해요.

(2) 과거형이므로 주어 She 다음에 be동사의 과거형 was가 오고 형용사 tall이 와야 해요.

(3) 과거형이므로 복수 주어 You 다음에 be동사의 과거형 were가 오고 형용사 strong이 와야 해요.

(4) '~일 것이다'라는 의미의 조동사 will이 오고, 'be + 형용사'인 be smart가 와야 해요.

(5) 주어가 You이므로 '~처럼 보이다'라는 의미의 look을 쓰고 형용사 nice가 와야 해요.

(6) '~일지도 모른다'라는 조동사 may가 오고 'be + 형용사'인 be big이 와야 해요.

 기본문제

본문 112쪽

(1) are, young (2) is, black (3) are, smart (4) was, tall (5) was, strong (6) were, pretty (7) may, be, tall (8) will, be(become), smart (9) will, be(become), tall (10) looks, nice (11) seem, tired (12) sounds, good (13) were, young (14) will, be(become), old (15) seems, tired (16) may, be, big

(1) 주어 You에 어울리는 be동사 are를 쓰고, '젊은'을 뜻하는 형용사 young을 써요.

(2) 주어 It에 어울리는 be동사 is를 쓰고, '검은색'을 뜻하는 형용사 black을 써요.

(3) 주어 We에 어울리는 be동사 are를 쓰고, '똑똑한'을 뜻하는 형용사 smart를 써요.

(4) 과거형이므로 주어 He에 어울리는 be동사의 과거형 was를 쓰고, '키가 큰'을 뜻하는 형용사 tall을 써요.

(5) 과거형이므로 주어 My grandpa에 어울리는 be동사의 과거형 was를 쓰고, '힘이 센'을 뜻하는 형용사 strong을 써요.

(6) 과거형이므로 복수 주어 You에 어울리는 be동사의 과거형 were를 쓰고 '예쁜'을 뜻하는 형용사 pretty를 써요.

(7) '~일지도 모른다'를 뜻하는 조동사 may와 be동사의 동사원형인 be를 쓰고, '키가 큰'을 뜻하는 형용사 tall을 써요.

(8) '~일 것이다'를 뜻하는 조동사 will과 be동사의 동사원형인 be 또는 become을 쓰고, '똑똑한'을 뜻하는 형용사 smart를 써요.

(9) '~일 것이다'를 뜻하는 조동사 will과 be동사의 동사원형인 be 또는 become을 쓰고, '키가 큰'을 뜻하는 형용사 tall을 써요.

(10) 주어가 3인칭 단수이므로 '~처럼 보이다'를 뜻하는 동사 look에 s를 붙인 looks를 쓰고, '멋진'을 뜻하는 형용사 nice를 써요.

(11) '~인 것 같다'를 뜻하는 동사 seem을 쓰고, '피곤한'을 뜻하는 형용사 tired를 써요.

(12) 주어가 3인칭 단수이므로 '~처럼 들리다'를 뜻하는 동사 sound에 s를 붙인 sounds를 쓰고, '좋은'을 뜻하는 형용사 good을 써요.

(13) 과거형이므로 주어 We에 어울리는 be동사의 과거형 were를 쓰고, '젊은'을 뜻하는 형용사 young을 써요.

(14) '~일 것이다'를 뜻하는 조동사 will과 be동사의 동사원형인 be 또는 become을 쓰고, '늙은'을 뜻하는 형용사 old를 써요.

(15) 주어가 3인칭 단수이므로 '~인 것 같다'를 뜻하는 동사 seem에 s를 붙인 seems를 쓰고, '피곤한'을 뜻하는 형용사 tired를 써요.

(16) '~일지도 모른다'를 뜻하는 조동사 may와 be동사의 동사원형인 be를 쓰고, '큰'을 뜻하는 형용사 big을 써요.

 실전문제

본문 113쪽

Ⓐ (1) ② (2) ① (3) ① Ⓑ (1) ① (2) ② (3) ② (4) ② Ⓒ ③ Ⓓ (1) is tall (2) is, pretty (3) will, be, smart (4) will, be, big (5) may, be, young

B

(1) 형용사의 서술적 용법이므로 'be동사＋형용사'가 쓰인 ①이 알맞아요.

(2) 형용사의 한정적 용법이므로 형용사가 명사 앞에 와서 명사를 꾸며주고 있는 ②가 알맞아요.

(3) 과거형이므로 주어 We에 어울리는 be동사의 과거형 were와 '예쁜'을 뜻하는 형용사 pretty가 쓰인 ②가 알맞아요.

(4) 과거형이므로 주어 You에 어울리는 be동사의 과거형 were와 '똑똑한'을 뜻하는 형용사 smart가 쓰인 ②가 알맞아요.

C

주어가 3인칭 단수일 때 일반동사의 현재형에 s 또는 es를 붙이는데 주어 You는 3인칭 단수가 아니므로 s 또는 es를 붙이지 않아요. 따라서 ③이 틀린 문장이지요.
① 그것은 좋은 것처럼 들린다.
② 우리는 멋져 보인다.
③ 너는 피곤해 보인다.
④ 그들은 행복한 것 같다.
⑤ 나의 엄마는 피곤한 것 같다.

D

(1) 주어 He에 어울리는 be동사 is를 쓰고, '키가 큰'을 뜻하는 형용사 tall을 써요.

(2) 주어 My table에 어울리는 be동사 is를 쓰고, '예쁜'을 뜻하는 형용사 pretty를 써요.

(3) '~일 것이다'를 뜻하는 조동사 will과 be동사의 동사원형인 be를 쓰고, '똑똑한'을 뜻하는 형용사 smart를 써요.

(4) '~일 것이다'를 뜻하는 조동사 will과 be동사의 동사원형인 be를 쓰고, '큰'을 뜻하는 형용사 big을 써요.

(5) '~일지도 모른다'를 뜻하는 조동사 may와 be동사의 동사원형인 be를 쓰고, '젊은'을 뜻하는 형용사 young을 써요.

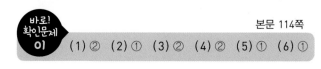

Day 22 부사 (1)

바로! 확인문제 01　　　본문 114쪽
(1) ②　(2) ①　(3) ②　(4) ②　(5) ①　(6) ①

(1) '친절하게'는 형용사 kind에 ly를 붙여 써요.

(2) '아름답게'는 형용사 beautiful에 ly를 붙여 써요.

(3) '멋지게'는 형용사 nice에 ly를 붙여 써요.

(4) '슬프게'는 형용사 sad에 ly를 붙여 써요.

(5) '쉽게'는 형용사 easy에서 y를 i로 바꾸고 ly를 붙여 써요.

(6) '화를 내며'는 형용사 angry에 y를 i로 바꾸고 ly를 붙여 써요.

바로! 확인문제 02　　　본문 115쪽
(1) ①　(2) ①　(3) ②　(4) ②　(5) ②　(6) ①

(1) 부사 happily는 동사 sings를 꾸며주어요.

(2) 부사 nicely는 동사 danced를 꾸며주어요.

(3) 부사 sadly는 동사 cried를 꾸며주어요.

(4) 부사 easily는 동사 jumped를 꾸며주어요.

(5) 부사 kindly는 동사 teaches를 꾸며주어요.

(6) 부사 fast는 동사 runs를 꾸며주어요.

기본문제　　　본문 116쪽

(1) sings, happily　(2) dance, beautifully　(3) cut, easily
(4) stopped, luckily　(5) went, angrily　(6) washed, well
(7) teaches, kindly　(8) very, much　(9) runs, fast
(10) runs, very, fast　(11) reads, fast　(12) reads, very, fast　(13) sadly　(14) mix, well　(15) very, well
(16) Luckily, fixed

(1) 주어가 3인칭 단수이므로 '노래 부르다'라는 동사 sing에 s를 붙이고, '행복하게'를 뜻하는 부사 happily를 써요.

(2) '춤추다'를 뜻하는 동사 dance를 쓰고, '아름답게'를 뜻하는 부사 beautifully를 써요.

(3) 과거형이므로 '자르다'를 뜻하는 동사의 과거형 cut을 쓰고, '쉽게'를 뜻하는 부사 easily를 써요.

(4) 과거형이므로 '멈추다'를 뜻하는 동사의 과거형 stopped를 쓰고, '운이 좋게'를 뜻하는 부사 luckily를 써요.

(5) 과거형이므로 '가다'를 뜻하는 동사의 과거형 went를 쓰고, '화를 내며'를 뜻하는 부사 angrily를 써요.

(6) 과거형이므로 '씻다'를 뜻하는 동사의 과거형 washed 를 쓰고, '잘'을 뜻하는 부사 well을 써요.

(7) 주어가 3인칭 단수이므로 '가르치다'라는 동사 teach 에 es를 붙여 쓰고, '친절하게'를 뜻하는 kindly를 써요.

(8) '아주'를 뜻하는 부사 very와 '많이'를 뜻하는 부사 much를 써요.

(9) 주어가 3인칭 단수이므로 '달리다'를 뜻하는 동사 run 에 s를 붙여 쓰고, '빠르게'를 뜻하는 부사 fast를 써요.

(10) 주어가 3인칭 단수이므로 '달리다'를 뜻하는 동사 run 에 s를 붙이고, '매우'를 뜻하는 부사 very와 '빠르게'를 뜻 하는 부사 fast를 써요.

(11) 주어가 3인칭 단수이므로 '읽다'를 뜻하는 동사 read 에 s를 붙여 쓰고, '빠르게'를 뜻하는 부사 fast를 써요.

(12) 주어가 3인칭 단수이므로 '읽다'를 뜻하는 동사 read 에 s를 붙여 쓰고, '매우'를 뜻하는 부사 very와 '빠르게'를 뜻하는 부사 fast를 써요.

(13) '슬프게'를 뜻하는 부사 sadly를 써요.

(14) '섞다'라는 동사 mix를 쓰고, '잘'을 뜻하는 부사 well 을 써요.

(15) '매우'를 뜻하는 부사 very와 '잘'을 뜻하는 부사 well 을 써요.

(16) '운이 좋게도'를 뜻하는 부사 luckily를 쓰고, 과거형이 므로 '고치다'를 뜻하는 동사의 과거형 fixed를 써요.

실전문제 본문 117쪽

Ⓐ (1) ② (2) ② (3) ② (4) ① Ⓑ (1) ② (2) ①
(3) ① (4) ② Ⓒ ③ Ⓓ (1) nicely (2) sadly
(3) beautifully (4) luckily (5) happily

Ⓑ
(1) '친절하게'를 뜻하는 부사는 kindly이지요.

(2) '쉽게'를 뜻하는 부사는 easily이지요.

(3) '화를 내며'를 뜻하는 부사는 angrily이지요.

(4) '잘'을 뜻하는 부사는 well이지요.

Ⓒ
③ 형용사 nice를 부사로 바꿀 때에는 뒤에 ly를 붙여요.

Ⓓ
(1) '멋지게'를 뜻하는 부사는 nicely이지요.

(2) '슬프게'를 뜻하는 부사는 sadly이지요.

(3) '아름답게'를 뜻하는 부사는 beautifully이지요.

(4) '운이 좋게도'를 뜻하는 부사는 luckily이지요.

(5) '행복하게'를 뜻하는 부사는 happily이지요.

Day 23 부사 (2)

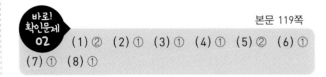

바로! 확인문제 01 본문 118쪽
(1) ① (2) ② (3) ② (4) ① (5) ② (6) ②

(1) hard는 명사 question을 꾸며주는 형용사이지요.

(2) long은 동사 waited를 꾸며주는 부사이지요.

(3) high는 동사 went up을 꾸며주는 부사이지요.

(4) fast는 명사 car를 꾸며주는 형용사이지요.

(5) early는 동사 gets up을 꾸며주는 부사이지요.

(6) hard는 동사 studies를 꾸며주는 부사이지요.

바로! 확인문제 02 본문 119쪽
(1) ② (2) ① (3) ① (4) ① (5) ② (6) ①
(7) ① (8) ①

(1) 빈도부사는 be동사 뒤에 쓰이므로 is 뒤인 ②가 알맞 아요.

(2) 빈도부사는 일반동사 앞에 쓰이므로 runs 앞인 ①이 알맞아요.

(3) 빈도부사는 일반동사 앞에 쓰이므로 have 앞인 ①이 알맞아요.

(4) 빈도부사는 일반동사 앞에 쓰이므로 studies의 앞인 ①이 알맞아요.

(5) 빈도부사는 be동사 뒤에 쓰이므로 is 뒤인 ②가 알맞 아요.

(6) 빈도부사는 일반동사 앞에 쓰이므로 went up 앞인 ①이 알맞아요.

(7) 빈도부사는 일반동사 앞에 쓰이므로 waited 앞인 ①이 알맞아요.

(8) 빈도부사는 일반동사 앞에 쓰이므로 gets up 앞인 ①이 알맞아요.

기본문제 본문 120쪽

(1) hard (2) early (3) high (4) long (5) fast
(6) hard (7) always (8) sometimes (9) usually
(10) never (11) often (12) always (13) fast
(14) high (15) usually (16) often

(1) 명사 question을 꾸며주는 '어려운'을 뜻하는 형용사 hard를 써요.

(2) 동사 gets up을 꾸며주는 '일찍'을 뜻하는 부사 early를 써요.

(3) 동사 went up을 꾸며주는 '높이'를 뜻하는 부사 high를 써요.

(4) 명사 hair를 꾸며주는 '긴'을 뜻하는 형용사 long을 써요.

(5) 동사 runs를 꾸며주는 '빨리'를 뜻하는 부사 fast를 써요.

(6) 동사 study를 꾸며주는 '열심히'를 뜻하는 부사 hard를 써요.

(7) '항상'을 뜻하는 빈도부사 always를 써요.

(8) '때때로'를 뜻하는 빈도부사 sometimes를 써요.

(9) '보통'을 뜻하는 빈도부사 usually를 써요.

(10) '절대 ~않는'을 뜻하는 빈도부사 never를 써요.

(11) '종종'을 뜻하는 빈도부사 often을 써요.

(12) '항상'을 뜻하는 빈도부사 always를 써요.

(13) 명사 car를 꾸며주는 '빠른'을 뜻하는 형용사 fast를 써요.

(14) 명사 mountain을 꾸며주는 '높은'을 뜻하는 형용사 high를 써요.

(15) '보통'을 뜻하는 빈도부사 usually를 써요.

(16) '종종'을 뜻하는 빈도부사 often을 써요.

실전문제

본문 121쪽

Ⓐ (1) ① (2) ① (3) ② (4) ① Ⓑ (1) We went up high. (2) That is a fast car. (3) She always studies hard. (4) They never waited long. Ⓒ ③ Ⓓ (1) early (2) often (3) never (4) high (5) always

Ⓑ

(1) 주어 We를 쓰고, 동사 went up을 쓴 다음, 동사를 수식하는 부사 high를 써요.

(2) 주어인 지시대명사 That을 쓰고, be동사 is를 쓴 다음, 형용사 fast가 명사를 꾸며주는 a fast car 순으로 써요.

(3) 주어 She를 쓰고, 빈도부사 always를 일반동사 studies 앞에 쓰고, 동사를 꾸며주는 부사 hard를 마지막에 써요.

(4) 주어 They를 쓰고, 빈도부사 never를 일반동사 waited 앞에 쓰고, 동사를 꾸며주는 부사 long을 마지막으로 써요.

Ⓒ

high는 형용사로 쓰면 '높은'이라는 뜻이고, 부사로 쓰면 '높이'를 뜻하므로 ③의 highly는 틀린 표현이지요. 명사 mountain을 꾸며주므로 high를 써야 해요.

Ⓓ

(1) '일찍'을 뜻하는 부사는 early를 써요.

(2) '종종'을 뜻하는 빈도부사는 often을 써요.

(3) '절대 ~않는'을 뜻하는 빈도부사는 never를 써요.

(4) '높이'를 뜻하는 부사는 high를 써요.

(5) '항상'을 뜻하는 빈도부사는 always를 써요.

혼공 종합문제 형용사/부사 본문 122쪽

1 ③	2 ④	3 ②	4 ③	5 ⑤	6 ①
7 yellow	8 luckily	9 fast	10 always	11 usually	
12 never	13 often				

1 ③은 서술적 용법으로 쓰였고 나머지는 모두 명사 앞에서 명사를 꾸며주는 한정적 용법으로 쓰인 문장이지요.
① 그녀는 좋은 선생님이다.
② 그것은 작은 오렌지이다.
③ 너는 매우 행복하다.
④ 그것은 새로운 토끼이다.
⑤ 저것은 큰 탁자이다.

2 형용사 앞에 소유격을 써서 누구의 것인지를 나타낼 때에는 누구의 것인지가 정해져 있기 때문에 소유격 앞에 a나 an을 쓰지 않아요. 따라서 ④는 틀린 문장이지요.
① 그는 좋은 친구이다.
② 그것은 작은 오렌지이다.
③ 이것은 오래된 건물이다.
④ 그것은 나의 새로운 토끼이다.
⑤ 저것은 큰 탁자이다.

3 서술적 용법의 형용사의 앞에는 주어와 어울리는 be동사가 오는데 He와 어울리는 be동사의 과거형은 was이므로 ②는 틀린 문장이지요.
① 나는 강했다.
② 그는 젊었다.
③ Jenny는 똑똑했다.
④ 우리는 예뻤다.
⑤ 너는 키가 컸다.

4 주어가 3인칭 단수일 때 일반동사의 현재형에 s나 es를 붙여야 하므로 ③을 제외한 나머지 일반동사에는 s를 붙여야 해요.
① 그것은 좋은 소리처럼 들린다.
② 그녀는 피곤한 것 같다.
③ 너는 좋아 보인다.
④ 나의 아빠는 행복한 것 같다.
⑤ 나의 할머니는 피곤해 보인다.

5 형용사 beautiful을 부사로 만들려면 ly를 붙여야 해요. 따라서 beautifully가 되어야 하므로 ⑤는 철자가 틀렸어요.

6 well은 ly가 붙지 않아도 부사로 쓸 수 있고, long, hard, early는 형용사와 부사로 모두 쓰일 수 있어요. sad는 형용

사로 ly를 붙여야 부사로 쓸 수 있어요.

7 빈칸에 들어갈 '노란색'을 뜻하는 형용사를 〈보기〉에서 고르면 yellow이지요.

8 〈보기〉의 관계는 형용사와 부사의 관계이지요. 형용사 lucky를 부사로 만들 때에는 y를 i로 바꾼 후 ly를 붙여요.

9 fast는 형용사로 쓰이면 '빠른'이라는 뜻으로 쓰이고 철자 변화 없이 '빨리'라는 뜻을 지닌 부사로도 쓰여요.

10 '항상'이라는 뜻을 지닌 빈도부사를 〈보기〉에서 고르면 always이지요.

11 '보통'이라는 뜻을 지닌 빈도부사를 〈보기〉에서 고르면 usually이지요.

12 '절대 ~않는'이라는 뜻을 지닌 빈도부사를 〈보기〉에서 고르면 never이지요.

13 '종종'이라는 뜻을 지닌 빈도부사를 〈보기〉에서 고르면 often이지요.

Day 24 전치사 (1)

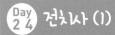

본문 126쪽

바로! 확인문제 01 (1) ① (2) ② (3) ② (4) ① (5) ② (6) ①

(1) '8시'처럼 시각 앞에는 전치사 at을 써요.

(2) '정오'라는 의미의 noon은 하나의 시각으로 생각해서 앞에는 전치사 at을 써요.

(3) 시각을 나타내는 9시 30분 앞에는 전치사 at을 써요.

(4) '7시'처럼 시각 앞에는 전치사 at을 써요.

(5) '밤'이라는 의미의 night는 하나의 시각으로 생각해서 앞에는 전치사 at을 써요.

(6) '10시 정각'이라는 의미의 10 o'clock 앞에는 전치사 at을 써요.

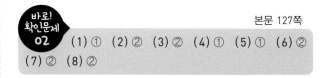

본문 127쪽

바로! 확인문제 02 (1) ① (2) ② (3) ② (4) ① (5) ① (6) ② (7) ② (8) ②

(1) '요일'인 Wednesday 앞에는 전치사 on을 써요.

(2) '계절'인 spring 앞에는 전치사 in을 써요.

(3) '월'인 August 앞에는 전치사 in을 써요.

(4) '요일'인 Friday 앞에는 전치사 on을 써요.

(5) '요일'인 Tuesday 앞에는 전치사 on을 써요.

(6) '연도'를 나타내는 2006년 앞에는 전치사 in을 써요.

(7) '월'인 November 앞에는 전치사 in을 써요.

(8) '저녁에'처럼 비교적 긴 시간 앞에는 전치사 in을 써요.

기본문제

본문 128쪽

(1) at (2) on (3) in (4) in (5) at, night (6) at
(7) at, noon (8) on, Friday (9) in, March
(10) at, o'clock (11) in, the, morning (12) in, century
(13) in, the, evening (14) in, fall(autumn) (15) in, the, afternoon
(16) in, the, evening

(1) '시각'을 나타내는 '8시' 앞에는 전치사 at을 써요.

(2) '요일'인 Sunday 앞에는 전치사 on을 써요.

(3) '연도'를 나타내는 1999년 앞에는 전치사 in을 써요.

(4) '계절'인 summer 앞에는 전치사 in을 써요.

(5) night는 하나의 시각으로 생각해서 전치사 at을 써요.

(6) '시각'을 나타내는 9시 30분 앞에는 전치사 at을 써요.

(7) noon은 하나의 시각으로 생각해서 전치사 at을 써요.

(8) '요일'인 Friday 앞에는 전치사 on을 써요.

(9) '월'인 March 앞에는 전치사 in을 써요.

(10) '10시 정각'은 10 o'clock으로 표현하고 시각 앞에는 전치사 at을 써요.

(11) '아침에'라는 뜻의 morning처럼 비교적 긴 시간 앞에는 전치사 in을 써요.

(12) '세기'라는 뜻의 century 앞에는 전치사 in을 써요.

(13) '저녁에'라는 뜻의 evening처럼 비교적 긴 시간 앞에는 전치사 in을 써요.

(14) '계절'인 fall 앞에는 전치사 in을 써요.

(15) '오후에'라는 뜻의 afternoon처럼 비교적 긴 시간 앞에는 전치사 in을 써요.

(16) '저녁에'라는 뜻의 evening 앞에는 전치사 in을 써요.

실전문제
본문 129쪽

Ⓐ (1) ② (2) ① (3) ① (4) ① Ⓑ (1) ② (2) ②
(3) ② (4) ① Ⓒ ③ Ⓓ (1) on (2) in (3) at
(4) on (5) in (6) at

Ⓑ

(1) '월'인 July이 앞에는 전치사 in을 써요.

(2) '정오'라는 의미의 noon은 하나의 시각같이 생각해서 전치사 at을 써요.

(3) '요일'인 Saturday 앞에는 전치사 on을 써요.

(4) '오후에'라는 뜻의 afternoon처럼 비교적 긴 시간 앞에는 전치사 in을 써요.

Ⓒ

'아침에'라는 뜻의 morning처럼 비교적 긴 시간 앞에는 전치사 in을 쓰므로 ③은 틀린 문장이지요.

Ⓓ

(1) '요일'인 Thursday 앞에는 전치사 on을 써요.

(2) '월'인 January 앞에는 전치사 in을 써요.

(3) '밤'이라는 의미의 night는 하나의 시각같이 생각해서 전치사 at을 써요.

(4) '요일'인 Wednesday 앞에는 전치사 on을 써요.

(5) '오후에'라는 뜻의 afternoon처럼 비교적 긴 시간 앞에는 전치사 in을 써요.

(6) 시각을 나타내는 '8시 30분' 앞에는 전치사 at을 써요.

Day 25 전치사 (2)

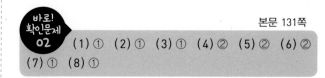
본문 130쪽
(1) ① (2) ② (3) ② (4) ① (5) ① (6) ①

(1) '집'이라는 '한 지점'을 말할 때 전치사 at을 home 앞에 써요.

(2) '학교'라는 '시설을 나타내는 장소'를 말할 때 전치사 at을 school 앞에 써요.

(3) '은행'이라는 '시설을 나타내는 장소'를 말할 때 전치사 at을 the bank 앞에 써요.

(4) '버스 정류장'이라는 '시설을 나타내는 장소'를 말할 때 전치사 at을 the bus stop 앞에 써요.

(5) '공항'이라는 '시설을 나타내는 장소'를 말할 때 전치사 at을 the airport 앞에 써요.

(6) '슈퍼마켓'이라는 '시설을 나타내는 장소'를 말할 때 전치사 at을 the supermarket 앞에 써요.

본문 131쪽
(1) ① (2) ① (3) ① (4) ② (5) ② (6) ②
(7) ① (8) ①

(1) 특정한 공간 '안'인 그의 방에 있을 때 his room 앞에 전치사 in을 써요.

(2) 특정한 공간 '안'인 부엌에 있을 때 the kitchen 앞에 전치사 in을 써요.

(3) '한국'이라는 공간 안에 있다는 느낌으로 표현할 때 Korea 앞에 전치사 in을 써요.

(4) 특정한 공간 '안'인 내 방에 있을 때 my room 앞에 전치사 in을 써요.

(5) '서울'이라는 공간 안에 있다는 느낌으로 표현할 때 Seoul 앞에 전치사 in을 써요.

(6) '교실'이라는 공간 안에 있다는 느낌으로 표현할 때 the classroom 앞에 전치사 in을 써요.

(7) '필통'이라는 공간 안에 있다는 느낌으로 표현할 때 the pencil case 앞에 전치사 in을 써요.

(8) 특정한 공간 '안'인 거실에 있을 때 the living room 앞에 전치사 in을 써요.

기본문제 본문 132쪽

(1) at, home　(2) in, Korea　(3) in, the, kitchen
(4) at, school　(5) at, the, bus, stop　(6) in, the, box
(7) in, the, classroom　(8) in, the, restaurant　(9) in, her,
room　(10) at, the, airport　(11) at, the, bank　(12) in,
the, living, room　(13) in, his, room　(14) at, the,
supermarket　(15) in, Seoul　(16) in, the, pencil, case

(1) '집'이라는 '한 지점'을 말할 때 전치사 at을 home 앞에
써요.

(2) '한국'이라는 공간 안에 있다는 느낌으로 표현할 때
Korea 앞에 전치사 in을 써요.

(3) 특정한 공간 '안'인 부엌에 있을 때 the kitchen 앞에 전
치사 in을 써요.

(4) '학교'라는 '시설을 나타내는 장소'를 말할 때 전치사 at
을 school 앞에 써요.

(5) '버스 정류장'이라는 '시설을 나타내는 장소'를 말할 때
전치사 at을 the bus stop 앞에 써요.

(6) '상자'라는 공간 안에 있다는 느낌으로 표현할 때 the
box 앞에 전치사 in을 써요.

(7) '교실'이라는 공간 안에 있다는 느낌으로 표현할 때
the classroom 앞에 전치사 in을 써요.

(8) '식당'이라는 공간 안에 있다는 느낌으로 표현할 때
the restaurant 앞에 전치사 in을 써요.

(9) 특정한 공간 '안'인 그녀의 방에 있을 때 장소 her
room 앞에 전치사 in을 써요.

(10) '공항'이라는 '시설을 나타내는 장소'를 말할 때 전치
사 at을 the airport 앞에 써요.

(11) '은행'이라는 '시설을 나타내는 장소'를 말할 때 전치
사 at을 the bank 앞에 써요.

(12) 특정한 공간 '안'인 거실에 있을 때 the living room 앞
에 전치사 in을 써요.

(13) 특정한 공간 '안'인 그의 방에 있을 때 his room 앞에
전치사 in을 써요.

(14) '슈퍼마켓'이라는 '시설을 나타내는 장소'를 말할 때
전치사 at을 the supermarket 앞에 써요.

(15) '서울'이라는 공간 안에 있다는 느낌으로 표현할 때
Seoul 앞에 전치사 in을 써요.

(16) '필통'이라는 공간 안에 있다는 느낌으로 표현할 때
the pencil case 앞에 전치사 in을 써요.

 실전문제 본문 133쪽

Ⓐ (1) ①　(2) ②　(3) ①　(4) ②　Ⓑ (1) ①　(2) ①
(3) ②　(4) ②　Ⓒ ②　Ⓓ (1) at　(2) in　(3) at
(4) in　(5) at　(6) at

Ⓑ

(1) 특정한 공간 '안'인 나의 방에 있을 때 my room 앞에
전치사 in을 써요.

(2) '공항'이라는 '시설을 나타내는 장소'를 말할 때 the
airport 앞에 전치사 at을 써요.

(3) '지하철 역'이라는 '시설을 나타내는 장소'를 말할 때
전치사 at을 the subway station 앞에 써요.

(4) '뉴욕'이 '미국'이라는 공간 안에 있다는 느낌으로 표현
할 때 United Sates of America 앞에 전치사 in을 써요.

Ⓒ

'교실'이라는 공간 안에 있다는 느낌으로 표현할 때 장소
the classroom 앞에 전치사 in을 써야 하므로 ②는 틀린 문
장이지요.

Ⓓ

(1) '집'이라는 '한 지점'을 말할 때 전치사 at을 home 앞에
써요.

(2) 특정한 공간 '안'인 거실에 있을 때 the living room 앞
에 전치사 in을 써요.

(3) '슈퍼마켓'이라는 '시설을 나타내는 장소'를 말할 때 전
치사 at을 the supermarket 앞에 써요.

(4) '교실'이라는 공간 안에 있다는 느낌으로 표현할 때
the classroom 앞에 전치사 in을 써요.

(5) '학교'라는 '시설을 나타내는 장소'를 말할 때 전치사 at
을 school 앞에 써요.

(6) '버스 정류장'이라는 '시설을 나타내는 장소'를 말할 때
전치사 at을 the bus stop 앞에 써요.

Day 26 전치사 (3)

01 (1) ② (2) ② (3) ② (4) ② (5) ① (6) ②

(1) '~안에'라는 표현은 전치사 in을 써요.

(2) '~앞에'라는 표현은 전치사 in front of를 써요.

(3) '~뒤에'라는 표현은 전치사 behind를 써요.

(4) '~안에'라는 표현은 전치사 in을 써요.

(5) '~앞에'라는 표현은 전치사 in front of를 써요.

(6) '~옆에'라는 표현은 전치사 next to를 써요.

02 (1) ① (2) ② (3) ① (4) ① (5) ① (6) ①

(1) 계단을 올라갈 때는 전치사 up을 써요.

(2) 계단을 내려갈 때는 전치사 down을 써요.

(3) 벤치 위에 앉아 있으므로 '~위에'라는 표현은 전치사 on을 써요.

(4) '~아래에'라는 표현은 전치사 under를 써요.

(5) '~위로'라는 표현은 전치사 up을 써요.

(6) '~위에'라는 표현은 전치사 on을 써요.

기본문제

(1) is, in (2) in, front, of (3) is, behind (4) is, next, to (5) is, between (6) is, in (7) up (8) go, down (9) are, on (10) are, under (11) go, up (12) is, on (13) are, on (14) is, under (15) are, on (16) between, and

(1) 주어가 3인칭 단수이므로 '~에 있다'라는 의미의 be동사는 is를 쓰고, '~안에'라는 표현은 전치사 in을 써요.

(2) '~앞에'라는 표현은 전치사 in front of를 써요.

(3) 주어가 3인칭 단수이므로 '~에 있다'라는 의미의 be동사는 is를 쓰고, '~뒤에'라는 표현은 전치사 behind를 써요.

(4) 주어가 3인칭 단수이므로 '~에 있다'라는 의미의 be동사는 is를 쓰고, '~옆에'라는 표현은 전치사 next to를 써요.

(5) 주어가 3인칭 단수이므로 '~에 있다'라는 의미의 be동사는 is를 쓰고, '~사이에'라는 표현은 전치사 between을 써요.

(6) 주어가 3인칭 단수이므로 '~에 있다'라는 의미의 be동사는 is를 쓰고, '~안에'라는 표현은 전치사 in을 써요.

(7) '~위로'라는 표현은 전치사 up을 써요.

(8) 계단을 내려갈 때는 전치사 down을 써서 go down으로 표현해요.

(9) 주어가 3인칭 복수이므로 '~에 있다'라는 의미의 be동사는 are를 쓰고, '~위에'라는 표현은 전치사 on을 써요.

(10) 주어가 3인칭 복수이므로 '~에 있다'라는 의미의 be동사는 are를 쓰고, '~아래에'라는 표현은 전치사 under를 써요.

(11) 계단을 올라갈 때는 전치사 up을 써서 go up으로 표현해요.

(12) 주어가 3인칭 단수이므로 '~에 있다'라는 의미의 be동사는 is를 쓰고, '~위에'라는 표현은 전치사 on을 써요.

(13) 주어가 3인칭 복수이므로 '~에 있다'라는 의미의 be동사는 are를 쓰고, '~위에'라는 표현은 전치사 on을 써요.

(14) 주어가 3인칭 단수이므로 '~에 있다'라는 의미의 be동사는 is를 쓰고, '~아래에'라는 표현은 전치사 under를 써요.

(15) 주어가 3인칭 복수이므로 '~에 있다'라는 의미의 be동사는 are를 쓰고, '~위에'라는 표현은 전치사 on을 써요.

(16) '~사이에'라는 표현은 전치사 between을 써요. 이때 민수와 Jane 사이에 있기 때문에 and를 써요.

실전문제

Ⓐ (1) ① (2) ② (3) ② (4) ② Ⓑ (1) ② (2) ① (3) ① (4) ② Ⓒ ② Ⓓ (1) in (2) in front of (3) down (4) between (5) under

Ⓑ

(1) '~옆에'라는 표현은 전치사 next to를 써요.

(2) '~사이에'라는 표현은 전치사 between을 써요. 이때 강아지가 너와 나 사이에 있기 때문에 and를 써요.

(3) '~앞에'라는 표현은 전치사 in front of를 써요.

(4) 계단을 올라갈 때는 전치사 up을 써서 go up으로 표현해요.

Ⓒ

'~앞에'라는 의미로 in front of를 써야 하기 때문에 ②는 틀린 문장이지요.

Ⓓ

(1) '~안에'라는 표현은 전치사 in을 써요.

(2) '~앞에'라는 표현은 전치사 in front of를 써요.

(3) 계단을 내려갈 때는 전치사 down을 써서 go down으로 표현해요.

(4) '~사이에'라는 표현은 전치사 between을 써요.

(5) '~아래에'라는 표현은 전치사 under를 써요.

Day 27 접속사/감탄사

바로! 확인문제 01 본문 138쪽

(1) ② (2) ① (3) ② (4) ① (5) ① (6) ②

(1) '그리고(~와 ~)'라는 표현은 접속사 and를 써요.

(2) '또는(~거나 ~)'이라는 표현은 접속사 or를 써요.

(3) '또는(~거나 ~)'이라는 표현은 접속사 or를 써요.

(4) '그리고(~와 ~)'라는 표현은 접속사 and를 써요.

(5) '그리고(~와 ~)'라는 표현은 접속사 and를 써요.

(6) '그러나'라는 표현은 접속사 but을 써요.

바로! 확인문제 02 본문 139쪽

(1) ① (2) ① (3) ② (4) ① (5) ② (6) ①

(1) what을 활용한 감탄문은 a 뒤에 형용사 nice를 써요.

(2) what을 활용한 감탄문은 an 뒤에 형용사 exciting을 써요.

(3) what을 활용한 감탄문은 a 뒤에 형용사 lovely를 써요.

(4) how를 활용한 감탄문은 형용사 young 뒤에 주어 you를 써요.

(5) how를 활용한 감탄문은 형용사 lovely 뒤에 주어 she를 써요.

(6) how를 활용한 감탄문은 형용사 tall 뒤에 주어 he를 써요.

기본문제 본문 140쪽

(1) eat, and (2) or (3) drink, and (4) and (5) and
(6) but (7) a, nice (8) a, lovely (9) a, handsome
(10) lovely, she (11) tall, he (12) smart, she (13) an, exciting (14) handsome, he (15) a, lovely (16) brave, he

(1) '먹다'라는 표현은 eat을, '그리고'라는 표현은 접속사 and를 써요.

(2) '또는'이라는 표현은 접속사 or를 써요.

(3) '마시다'라는 표현은 drink를, '그리고'라는 표현은 접속사 and를 써요.

(4) '그리고'라는 표현은 접속사 and를 써요.

(5) '그리고'라는 표현은 접속사 and를 써요.

(6) '~하지만(그러나)'라는 표현은 접속사 but을 써요.

(7) what을 활용한 감탄문은 a 뒤에 형용사 nice를 써요.

(8) what을 활용한 감탄문은 a 뒤에 형용사 lovely를 써요.

(9) what을 활용한 감탄문은 a 뒤에 형용사 handsome을 써요.

(10) how를 활용한 감탄문은 형용사 lovely 뒤에 주어 she를 써요.

(11) how를 활용한 감탄문은 형용사 tall 뒤에 주어 he를 써요.

(12) how를 활용한 감탄문은 형용사 smart 뒤에 주어 she를 써요.

(13) what을 활용한 감탄문은 an 뒤에 형용사 exciting을 써요.

(14) how를 활용한 감탄문은 형용사 handsome 뒤에 주어 he를 써요.

(15) what을 활용한 감탄문은 a 뒤에 형용사 lovely를 써요.

(16) how를 활용한 감탄문은 형용사 brave 뒤에 주어 he를 써요.

실전문제 본문 141쪽

Ⓐ (1) ① (2) ① (3) ② (4) ① Ⓑ (1) I like apples and bananas. (2) Let's go to Canada or Brazil.
(3) What a nice car (4) How smart he is Ⓒ ③
Ⓓ (1) I like pears and apples. (2) Let's go to Canada or Brazil. (3) He likes strawberries but she doesn't.
(4) a nice car (5) lovely she is

Ⓑ

(1) 주어 I를 쓰고, 일반동사 like을 쓰고, apples와 bananas를 접속사 and로 연결해서 써요.

(2) '~하자'라는 의미의 Let's를 쓰고, 일반동사 go와 전치사 to를 쓰고, Canada와 Brazil를 접속사 or로 연결해서 써요.

(3) 감탄문을 만드는 What을 쓰고, a를 쓴 다음 형용사 nice와 nice가 수식하는 명사 car를 써요.

(4) 감탄문을 만드는 how를 쓰고, 형용사 smart를 쓴 다음 주어 he와 동사 is를 차례로 써요.

Ⓒ

what을 활용하여 만드는 감탄문은 an 다음 형용사 exciting을 써야 하므로 ③은 틀린 문장이지요.

Ⓓ

(1) 주어 I와 동사 like을 쓰고 pears와 apples를 접속사 and로 연결해서 써요.

(2) '~로 가자'라는 의미의 Let's go to를 쓰고 Canada와 Brazil을 접속사 or로 연결해서 써요.

(3) 접속사 but으로 반대되는 의미를 담은 두 문장을 연결하여 He likes strawberries but she doesn't.로 쓰면 돼요.

(4) what을 활용한 감탄문은 What 다음에 a를 쓰고 형용사 nice와 nice가 꾸며주는 명사 car를 써요.

(5) how를 활용한 감탄문은 How 다음에 형용사 lovely를 쓰고 주어 she와 동사 is를 써요.

**혼공
종합문제   전치사/접속사/감탄사   본문 142쪽**

1 ③   **2** ③   **3** ④   **4** ③   **5** ④   **6** in   **7** on   **8** at   **9** down   **10** behind   **11** I will meet you at the airport.   **12** and   **13** or   **14** but

1 ③ next to는 '~옆에'라는 뜻이지요.

2 Monday처럼 요일을 나타내는 단어 앞에는 전치사 on을 써요. 나머지는 모두 at을 쓰면 돼요.

3 공항, 은행 같은 '시설' 앞에는 전치사 at을 써야 하므로 ④는 틀린 문장이지요.
① 나는 은행에서 일한다.
② 그는 그의 방에 있다.
③ 서울은 한국에 있다.
④ 우리는 공항에서 만날 것이다.
⑤ 연필 하나가 필통에 있다.

4 ③ '그는 사과를 좋아하지만, 그녀는 그렇지 않다.'는 '그러나'를 뜻하는 but을 써야 해요.
① 나는 우유와 주스를 좋아한다.
② 공부하거나 (책을) 읽자.
③ 그는 사과를 좋아하지만 그녀는 그렇지 않다.
④ 가서 잠을 자자.
⑤ 나는 음악을 좋아하지만 그는 그렇지 않다.

5 'How 감탄문'은 'How + 형용사(부사) + 주어 + 동사'의 어순이므로 ④는 How smart she is!가 되어야 해요.
① 멋진 모자구나!
② 사랑스러운 고양이구나!
③ 흥미진진한 게임이구나!
④ 그녀는 정말 똑똑하구나!
⑤ 그는 정말 키가 크구나!

6 나는 1월에 태어났다. (월 앞에는 전치사 in을 써요.)

7 나는 일요일에 학교에 가지 않는다. (요일 앞에는 전치사 on을 써요.)

8 그들은 밤에 잠잔다. ('밤에'라는 표현은 전치사 at을 써서 at night으로 표현해요.)

9 그는 계단을 달려 내려갔다. (계단 아래로 내려갔기 때문에 전치사 down을 써요.)

10 〈보기〉의 up - down은 '위와 아래'를 나타내는 반대 관계이므로 in front of(앞에)의 반대인 behind(뒤에)가 알맞아요.

11 주어 I를 쓰고, 조동사 will과 동사 meet를 쓰고, 목적어 you를 쓰고, '공항에서'는 at the airport를 써야 해요.

12 '그리고'라는 의미의 접속사는 and를 써요.

13 '~또는'이라는 의미의 접속사는 or를 써요.

14 '그러나'라는 의미의 접속사는 but을 써요.

www.saltybooks.com